Johann Gottfried Biedermann, Georg Ernst Waldau

Geschlechtsregister des hochadeligen Patriziats zu Nürnberg

Bis zum Jahr 1788

Johann Gottfried Biedermann, Georg Ernst Waldau

Geschlechtsregister des hochadeligen Patriziats zu Nürnberg
Bis zum Jahr 1788

ISBN/EAN: 9783742893505

Hergestellt in Europa, USA, Kanada, Australien, Japan

Cover: Foto ©Suzi / pixelio.de

Manufactured and distributed by brebook publishing software (www.brebook.com)

Johann Gottfried Biedermann, Georg Ernst Waldau

Geschlechtsregister des hochadeligen Patriziats zu Nürnberg

Johann Gottfried Biedermanns

P. P.

Geschlechtsregister

des

hochadelichen Patriciats

zu Nürnberg

biß zum Jahr 1788 fortgesezt

und herausgegeben

von

Georg Ernst Waldau

X. A. S. S. P.

Nürnberg, 1788. im Selbstverlag.

Fortgesetztes Geschlechtsregister der Herren Stromer von Reichenbach.

I. Aeltere Linie.

s. Biedermanns Geschlechtsregister des Nürnbergischen Patriciats. Tab. 471.

Christoph Friedrich Stromer von Reichenbach, geb. den 10. Febr. 1712. Seit 1764 kaiserlicher wirklicher Rath, Kronhüter und Verwahrer der Reichskleinodien, bey der Republik Nürnberg des ältern geheim. Raths, vorderster Losunger, Schultheiß und Pfleger der Reichsveste, des neuen Spitals Ober- und des Klosters St. Katharina Pfleger, Familiae Senior.

Gemahlin 1) Helena Katharina, Christoph Wilhelm Scheurls von Defersdorf, auf Vorra und Schwarzenbruck, Pflegers zu Lauf, und Klara Helena Tucherin von Simmelsdorf, Tochter, geb. d. 1. Febr. 1709. vermählt den 17. Apr. 1736, starb den 26 Okt. 1756.

2) Anna Katharina, Christoph Elias Oelhafen von Schöllenbach auf Eißmannsberg, Pflegers zu Altdorf, und Anna Maria Gwandschneiderin, Tochter, geb. den 27. Merz, 1720. verm. d. 23. Mail 1758.

1.
Christoph Wilhelm Friedrich, geb. d. 5. Febr. 1737, ward Assess. u. Schöpf am Land- und Bauern-Gericht 1762, am Untergericht 1764, am Stadt- und Ehegericht 1767. Seit 1785 Senator der Rep. Nürnberg.
Gem. Maria Sabina, Christoph Carl Fürers von Halmendorf, auf Wetersdorf, Hauptpflegers des Landalmosamtes, und Anna Maria Tucherin von Simmelsdorf, Tochter, geb. den 26. Jun. 1741, vermählt den 1. Dec. 1761.

Christoph Friedrich, geb. d. 26. Sept. 1763.

Christoph Carl Friedrich, geb. d. 22. Jun. 1766. starb d. 1. Aug. 1766.

Georg Christoph Friedrich, geb. den 17. Aug. 1768. Seit 1785 Kadet unter dem Hohenloh-Ingelfing. Fräulischen Kreisregiment zu Fuß. † 1788 Nov.

1.
Maria Helena, geb. den 11. Febr. 1739 starb d. 16. Apr. 1777.
Gem. Carl Gottfried Grundherr von Altenthann auf Weyerhaus, Losungsrath zu Nürnberg, verm. d. 7. Mail 1765.

1.
Sigmund Friedrich, geb. d. 18. Febr. 1741, starb d. 25. Sept. 1750.

1.
Susanna Maria, geb. d. 2. Mail 1744, starb den 24. Sept. 1750.

1.
Maria Magdalena Katharina, gebohr. den 9. Sept. 1749.

II. Jüngere Linie.

f. Biedermanns Geschlechtsregister des Nürnbergischen Patriciats. Tab. 473.

Carl Christoph Stromer von Reichenbach, geb. d. 3. Mail 1728. Seit 1751 Senator der Republik Nürnberg. Starb d. 3. Febr. 1785.
Gem. Catharina Eleonora, Johann Sebast. Hallers von Hallerstein, General-Feldmarschall-Lieutenants des Fränkischen Kreises, auch Senators zu Nürnberg, und Sophia Maria Rühlin von Sündersbühl, Tochter, geb. d. 20. Aug. 1731, vermählt d. 2. Mårz 1751.

Sophia Maria, geb. d. 22. Decemb. 1751, starb d. 4. Jan. 1756.	Maria Hedwig, geb. d. 1. Febr. 1753, starb den 24. Febr. 1754.	Joh. Sigm. Karl, geb. d. 26. Jan. 1755, gieng als Fähnrich 1775. in kurpfälzische Kriegsdienste nach Mannheim. Seit 1785. Hauptmann unter dem kurpfalzbairisch. Leibregiment zu München.	Christoph Friedrich, geb. d. 9. Apr. 1757. Seit 1786 Assessor am Land- und Bauerngericht. Gem. Maria Sabina Hedwig, Joh. Christoph Sigm. Kreßens von Kreßenstein, auf Kraftshof und Dürrenmungenau, Lehngraths zu Nürnberg, und Maria Hedwig, geb. Reßin von Kreßenstein, Tochter, geb. d. 16. Mårz 1767, verm. den 19. Jul. 1785.		
Johann Sigm. Jakob Karl, geb. d. 6. Nov. 1758. Seit 1786 Assessor am Land- und Bauerngericht. Gem. Sophia Frid. Philippina, Wilh. Bernh. Ludwig Schenks von Schweinsberg auf Külbenrode, und Juliana Maria Karolina, geb. Schenkin von Schweinsberg, Tochter, geb. d. 13. Nov. 1762, verm. d. 17. Mårz 1785.			Friedrich Karl, geb. d. 15. Jan. 1760, starb d. 1. Okt. 1776.	Johann Georg Karl, geb. d. 22. Jul. 1762, starb b. 3. Jun. 1765.	Georg Christoph Karl, geb. den 28. Jun. 1766.

Bemerkungen.

I. Zur 471sten Tabelle im Biedermann.

Susanna Helena, Wolf Adam Friedrich Stromers von Reichenbach Wittwe, gebohrne Löffelholzin von Colberg, starb d. 4. Jun. 1764.
Susanna Helena, Wolf Adam Friedrich Stromers von Reichenbach Tochter, Johann Adam Kreßens von Kreßenstein, auf Krafts- und Neuhof, Amtmanns des Sebalder Walds, Wittwe, starb d. 10. Jan. 1777.

II. Zur 473sten Tabelle.

Anna Maria, Jacob Christoph Stromers von Reichenbach Wittwe, gebohrne Scheurlin von Defersdorf, starb d. 29. Jan. 1749.

Fortgesetztes Geschlechtsregister der Herren Geuder von Heroldsberg.

f. Biedermanns Geschlechtsregister des Nürnberg. Patriciats. Tab. 58.

Johann Adam Rudolph Karl Geuder von Heroldsberg, Stein und Untersdorf, geb. d. 6. Jul. 1718. Seit 1764 kaif. wirklicher Rath, Kronhüter und Verwahrer der Reichskleinodien, auch Ritterrath bei der unmittelbaren freien Ritterschaft in Franken Orts Gebürg, bey der Republik Nürnberg des ältern geheimen Raths, zweiter Losunger, Oberpfleger der Klöster St. Klara und Pillenreut u. a. m. † 11. Nov. 1789.

Gemahlin 1) Maria Magd. Eleonora, Christoph Gottfr. Kreß von Kressenstein, Losungraths zu Nürnberg, und Maria Magd. Fürerin von Haimendorf Tochter, geb. d. 8. Jan. 1723, verm. d. 20. Nov. 1741, starb d. 27. Nov. 1746.
2) Luisa Wilhelmina, Heinr. Christ. Ferd. von Stauff auf Untrach und Ablitz, Hochf. Brandenburg. Kammerjunkers, und Susanna Barbara, gebohrnen Freyin von Grünthal, Tochter, geb. d. 7. Sept. 1721, verm. d. 26. Merz 1754, starb d. 2. Sept. 1783.

1.
Karl Adam Bened. Rudolph, gebohr. d. 13. Jul. 1743.

1.
Maria Eleon. Magd. Theodora, geb. d. 31. Merz 1745. Gem. Christian, Reichsfreiherr von Geuber, genannt Rabensteiner, besign. Kommendator auf Lagow, geb. d. 11. Merz 1736, verm. d. 1 Nov. 1763.

1.
Susanna Regina Maria, geb. d. 4. Nov. 1745, starb d. 4. Dec. 1750.

2.
Sibylla Susanna Luisa Eleonora Barbara, geb. d. 3. April 1755.

2.
Wilh. Friedr. Christoph Karl, geb. d. 27. Aug. 1756, Herzogl. Wirtemb. Kammerjunker.
Gem. Augusta Doroth. Karol. Sophia, Ludw. Friedr. Heinr. Wilh. von Eglofstein, Kartoün. Kammerjunkers und Hochw. Florentina Friber. Luisa, geb. von Reizenstein, Tochter, gebohr. d. 26. Jul. 1750, verm. d. 2. Aug. 1783.

2.
Anna Sibylla Luisa Charlotta, geb. d. 4. Februar 1760, starb den 25. Febr. 1767.

Francisca Luisa Friderika, geb. d. 2. Okt. 1784.

2.
Christoph Karl Joseph Ludwig. Siehe neben.

2.
Friedrich Philipp Albrecht Ernst Wilhelm Karl, geb. d. 5. Merz 1762, starb d. 21. dieses Monats.

Christoph Karl Joseph Ludwig, geb. den 19. Merz 1761. Seit 1784 Senator der Republik Nürnberg.
Gemahlin. Sophia Maria, Johann Sigmund Hallers von Hallerstein, des ältern geheimen, auch Kriegsraths, der Hallerischen und Enfried Pfinzingischen Stiftungen Administrators, auch seines Geschlechts Seniors u. a. m. und Maria Helena Ebnerin von Eschenbach, Tochter, geb. d. 18. Sept. 1760, verm. d. 18. Sept. 1781.

| Maria Helena, geb. d. 21. Jun. 1783. | Johann Adam Rudolph Karl, geb. d. 14. Jul. 1784, starb d. 20. Jan. 1786. | Johann Sigmund Karl, geb. d. 1. Nov. 1785. |

Joh. Adam Rudol. Sigmund Carl

Helena Amalia Charlotte n. 1786 26 Dcbr Fr 1787 Sorkey

Catharina Eleonora Louise, n. 1788. 7 Jan.

Maria Helena Jacobea Sophia nat. 1 Dec. 1789.

Carl Friedrich Joseph.
nat. 10. Mert. 1798.

Bemerkungen.

I. Zur 58sten Tabelle im Biedermann.

Sibylla Eleonora, Karl Bened. Geuders von Heroldsberg Wittwe, gebohrne Tucherin von Simmelsdorf, starb d. 19. Sept. 1772.

II. Zur 60sten Tabelle.

Adam Rudolph Geuder von Heroldsberg, Septemvir, Kirchenpfleger u. a. m. starb d. 17. Aug. 1750, und nach ihm seine zweite Gemahlin, Katharina Eleonora Ebnerin von Eschenbach, d. 1. Sept. 1753.

Fortgesetztes Geschlechtsregister der Herren Kressen von Kressenstein.
Georg Christophische Linie zu Rätzelsdorf.
f. Biedermanns Geschlechtsregister des Nürnbergischen Patriciats.   Tab. 282.

Karl Christoph Kreß von Kressenstein, auf Rätzelsdorf, geb. den 4. Nov. 1697, starb d. 23. Apr. 1754, ward 1724 Kastenamtspfleger zu Her'bruck, 1743 Pfleger zu Engelthal, verm. d. 5. Oct. 1723 mit Maria Philipp. Vollanierin von Kirchensittenbach, welche den 14. Aug. 1758 starb.

Clara Maria Eleonora, geb. d. 21. Febr. 1725.
Gem. Karl Wilhelm Scheurl von Deferstorf, Pfleger zu Engelthal, geb. 1720. d. 30. Nov. verm. 1744 d. 26. Mait.

Sophia Maria, geb. d. 17. Dec. 1726.
Gem. Christoph Karl Kreß von Kressenstein, bey der Republik Nürnberg Triumvir, Kriegsobrist u. a. m. geb. 1723 d. 10. Jan. verm. 1748 d. 5. Merz.

Maria Hedwig, geb. d. 15. Apr 1729.
Gem. Johann Christoph Sigm. Kreß von Kressenstein, vorderster Losungsrath, geb. d. 16. Jun. 1730, verm. d. 4. Merz 1755.

Gottlieb Christoph. Von ihm siehe hiereneben.

Anna Maria, geb. d. 19. Mait 1733. starb 1768 d. 21. Nov.
Gem. Christoph Karl Grundherr von Altenthann, Assessor am Stadt- und Ehegericht, geb. 1729, d. 16. Jul. verm. d. 7. Nov. 1758, gest. 1775 d. 21. Mait.

Johann Burkhart, geb. d. 17. Mait 1742, seit 1785 Statdrittmeister unter dem Tressauischen Kreiß-Küraßier-Regiment.

Johann Wilhelm, geb. d. 19. Dec. 1735, Lieutenant unter dem von Varcilischen Kreisregiment, starb d. 22. Apr. 1759.

Maria Philippina, geb. d. 1. Sept. 1745.
Gem. Georg Friedrich Behaim von Schwarzbach, Assessor am Untergericht, verm. d. 31. Aug. 1762, starb d. 14. Jun. 1767

Christoph Karl, geb. d. 10. Merz 1739. Assessor am Land- und Bauerngericht, starb 1767 d. 26. Jun.

Gottlieb Christoph Kreß von Kressenstein, geb. 1731 d. 21. Febr. ſta b 1784 d. 14. Jul. ward 1757 Aſſeſſor am Land- und Bauerngericht, 1761 am Untergericht, 1765 am Stadtgericht, 1770 Weg- und Steg-Amtmann, 1783 Oberamtmann des Walds Laurentii.

Gem. Anna Maria, Hrr. Wilh. Eduard von Eſchenbach, des ält. geheim. Raths und zweiten Loſungers und Maria Jacobina Nützlin von Sündersbühl, Tochter, geb. 1736 d. 3. Aug. verm. 1756 d. 6. Jul.

Chriſtoph Gottlieb Sigmund, geb. d. 28. Nov. 1757, ſeit 1784 Aſſeſſor am Land- und Bauerngericht.

Gem. Anna Maria, Jacob Gottlieb Rudolph Volkamers von Kirchenſittenbach, Landpflegers, und Maria Anna Peßerin von Schoppershof, Tochter, geb. 1757, d. 21. Dec. verm. d. 19. Nov. 1782.

Maria Jacobina, geb. d. 11. Jan. 1762.

Gem. Joh. Caſpar von Scheidlin, verm. d. 4. Febr. 1784.

Maria Hedwig, geb. d. 31. Januarii 1764.

Maria Eleonora Karolina, geb. b. 3. Apr. 1767.

Gottlieb Rudolph Chriſtoph, geb. d. 17. Jun. 1784, ſtarb d. 29. dieſes Monats.

Anna Helena Maria, geb. d. 19. Nov. 1785.

Magdalena Philippina, gebohr. d. 14. Jun. 1768.

Chriſtoph Karl Gottlieb, geb. u. geſtorben 1772.

Maria Helena Johanna, gebohr. d. 7. Sept. 1773.

Johann Burkhart Gottlieb, geb. d. 21. Sept. 1774, ſtarb d. 23. Apr. 1775.

Fortgesetztes Geschlechtsregister der Herren Kreßen von Kreßenstein.
Wolf Christophische Linie zu Rohensaß und Ebenreuth.
s. Biedermann Tab. 284.

Christoph Gottfried Kreß von Kressenstein, geb. d. 13. Dec. 1690, Losungrath, starb 1744 d. 20. Oct. Gem. Maria Magdalena, Christoph Leonh. Fürers von Haimendorf, und Sibylla Eleonora Baumgärtnerin von Holenstein, Tochter, geb. 1693 d. 20. Jul. verm. 1717 d. 20. Jul. starb 1757 d. 9. Jul.

| Maria Reg. Eleon. geb. u. gest. 1718. | Jobst Christoph Wilh. gebohr. 1720 d. 31. Jan. starb 1723 d. 24 Apr. | Maria Magd. Eleonora, starb 1746 d. 27. Nov. Gem. Joh. Adam Rud. Karl Geuder von Herolsberg, des innern Raths, geb. d. 6. Jul 1718, verm. 1741 d. 20. Nov. | Joach. Gottfried, geb. 1724 d. 26. Jan. starb 1727 den 25. Dec. |

Georg Christoph Leonhart, geb. 1725 d. 6. Nov. 1752 Pfleger des Stadtalmosenamts, starb 1764 d. 25. Maii.
Gem. Anna Helena, Veit August Holzschuhers von Harrlach, Assessors am Stadtgericht und Richters zu Wöhrd, und Anna Maria Hallerin von Hallerstein, Tochter, geb. d. 1. Nov. 1727, verm. 1752 d. 6. Nov.

Von seinen Nachkommen siehe neben.

Christoph Karl, geb. 1727 d. 16. Merz, ward 1754 Umgeldamtmann, 1772 Senator, 1783 Rugsherr.
Gem. 1) Maria Klara, Jobst Wilh. Ebners von Eschenbach, Pflegers der Klöster S. Klaren und Pillenreuth, und Maria Sophia Müllin von Sündersbühl, Tochter, geb. 1728 d. 3. Sept. vermählt 1754 d. 12. Nov. starb 1757 d. 15. Oct. im Kindbette.
2) Susanna Klara, Christoph Jakob Pellers von Schoppershof, vordersten Amtmanns der obern Waag, u. Helena Jakobina Dörrerin von der untern Bürg, Tochter, geb. 1733 d. 16. Jun. verm. 1759 d. 29. Maii.

Seine Kinder siehe hieneben.

| Maria Helena Jusliana, geb. 17. Sept. starb 1729 d. 9. Dec. | Anna Lucia, geb. d. 27. Jun. 1730, starb d. 9. Apr. 1785. | **Hans Paul Sigmund**, geb. 1733 d. 17. Jun. ward Amtmann der untern Waag 1759, starb 1770 d. 15. Jun. Gem. Helena Sabina, Joh. Georg Hallers von Hallerstein, vordersten Losungraths und Kathar. Eleon. Müllin von Sündersbühl, Tochter, geb. 1736 d. 24. Oct. verm. 1757 d. 19. Sept. |

Christoph Karl Kreß von Kressenstein, Senator und Ruggherr.

1.
Maria Sophia Klara, geb. 1755 d. 15. Aug. verm. d. 17. Aug. 1773. mit Sigmund Friedr. Behaim von Schwarzbach, Umgeldamtmann, geb. 1749 d. 9. Aug.

1.
Luisa Wilhelmina, geb. 1757 d. 5. Oct. verm. d. 2. Dec. 1777 mit Jak. Christoph Joach. Wilhelm im Hof, Lieutenant unter dem von Eschertelschen Fränk. Kreiß-Regiment, geb. 1754 d. 6. Nov.

2.
Jakobina Karolina, geb. 1760 den 29. Mail, v. rm. 1785 d. 19. Apr. mit Christoph Andreas V. im Hof von Helmstatt, geb. 1761 d. 12. Aug.

2.
Barb. Helena Susanna, geb. 1761 d. 7. Aug. starb d. 26. dieses Monats.

2.
Klara Jakobina, geb. den 16. Oct. 1762.

2.
Jobst Wilh. Karl, geb. 1763 d. 6. Nov. starb d. 13. Dec. d. J.

2.
Johann Christoph Karl, geb. d. 7. Jul. 1765.

2.
Paul Sigm. Karl, geb. 1767 den 29. Jan. starb 1768 d. 1. Aug.

2.
Jak. Friedr. Karl, geb. 1769 d. 26. Oct.

2.
Helena Klara, geb. 1771 d. 1. Febr. starb 1776 den 4. Sept.

2.
Helena Kath. Karolina, geb. 1773 d. 23. Mail, starb d. 10. Aug. d. J.

* * *

Georg Christoph Leonhart Kreß von Kressenstein, Pfleger des Stadtalmosens.

Jobst Wilh. Christoph, geb. 1754 den 30 Merz, starb 1757 den 23. Mail.

Johann Christoph Gottfried, geb. 1755 d. 14. Merz, ward Assessor am Land- und Bauerngericht 1780, am Untergericht 1784. Gem. Sabina Regina, Jak. Wilh. Scheurls von Defersdorf auf Vorra, Kastenamtspflegers zu Hersbruck und Sabina Regina Grundherrin, Tochter, geb. 1753 d. 18. Sept. verm. d. 19. Mail 1778.

Maria Helena, geb. d. 8. Mail, 1756.

Maria Kla- ra Helena, gebohr. d. 7. Sept. 1757, starb 1762 d. 27. Jul.

Anna Soph. Helena, geb. 1760 den 22. Mail, starb d. 5. Jun. d. J.

Jakob Wilh. Gottfried, geb. 1779 d. 23. Jul. zu Hersbruck.

Maria Barbara, geb. d. 22. Jul. 1780, starb d. 28. Sept. 1783.

Rudolph Christoph Karl, geb. 1781 d. 28. Dec. starb d. 3. Oct. 1783.

Carl Christoph Wilh. geb. 1783 d. 15. Mail, starb d. 2. Jul. d. J.

Maria Magdalena Regina Katharina, geb. 1784 d. 4. Mail, starb d. 11. d. M.

Maria Helena Wilhelmina, geb. d. 17. Nov. 1785.

11

Fortgesetztes Geschlechtsregister der Herren Kressen von Kressenstein.
Aus eben dieser Linie.

s. Biedermanns Geschlechtsregister des Nürnbergischen Patriciats. Tab. 285.

Balthasar Christoph Kreß von Kressenkelu, geb. 1709 d. 1. Nov. ward Pfleger zu Altdorf 1750, Senator der Repub. Nürnberg und Burgermeister 1763, starb 1771 d. 15. Sept.
Gem. 1) Clara Sophia, Christoph Jak. Pellers von Schoppershof und Maria Sophia Löffelholzin von Colberg, Tochter, geb. 1711 d. 1. Apr. starb d. 18. Dec. 1733.
2) Maria Magdalena, Hans Christoph Kreß von Kressenstein, Stadtrichters und Maria Helena Pömerin, Tochter, geb. d. 18. Jul. 1714, verm. d. 8. Febr. 1735, gest. 1764 d. 21. Febr. Er kaufte für sich die 2 Güter Ebenreuth und Letten.

1.	2.	2.
Karl Christoph Sigm. geb. 1733 d. 14. Dec. starb d. 28. d. M.	Maria Magdalena, geb. 1735 d. 22. Sept. verm. d. 18. Jun. 1754 mit Hans Joach. Haller von Hallerstein, Stadtgerichtsassessor und Unschlittamts-Adjunct, geb. 1729 d. 6. Nov. gest. 1768 d. 1. Apr.	Anton Ulrich, geb. 1736 d. 10. Aug. seit 1782 Rittmeister beim Kreslawischen Küraßier-Regiment.
2.	2.	2.	2.
Maria Anna, geb. d. 29. Jul. 1737, gest. den 31. Aug. 1737.	Susanna Helena Maria, geb. 1739 d. 20. Nov. verm. d. 14. Febr. 1764. mit Weit August Holzschuber von Aspach, Pfleger zu Velden, geb. d. 8. Apr. 1744.	Maria Magdalena Eleonora, geb. d. 11. Febr. 1740, starb d. 7. Merz d. J.	Marc. Karl, 1741 geboren und gestorben.
2.	2.
Dorothea Maria, geb. d. 26. Merz 1742, starb 1771 d. 1. Jan. verm. d. 15. Sept. 1761 mit dem Hochf. Fuldaischen geheimden Rath Freyherrn Georg Erasm. Wurster von Kreuzberg.	Helena Jacobina Maria, geb. 1743 d. 20. Aug. Gem. L. Georg Erasm. Freyherr von Wurster 1772, u. nachdem sie von demselben geschieden worden, verm. II. mit dem Fränk. Kreiß Artillerie-Hauptmann Joh. Eman. Vetter 1780 d. 22. Mai.
2.	2.	2.	2.	2.
Georg Christoph Wilhelm. Von ihm s. neben.	Maria Hedwig, geb. d. 17. Mai 1746. Gem. Karl Sigm. Fürer von Haimendorf, Pfleger zu Hilpoltstein, geb. d. 9. Mai 1744. verm. d. 27. Jul. 1772.	Joh. Christ. Balthasar, geb. d. 16. Aug. 1747, starb d. 13. Aug. 1749.	Christoph Karl Joseph, geb. d. 1. Mai 1749, seit 1780 Kön. Preuß. Premierlieut.	Christ. Jakob. Siehe neben.
2.	2.	2.	2.
Johann Jakob Christoph, geb. d. 8. Nov. 1751, starb als Kön. Preuß. Fähnrich zu Neiß in Schlesien d. 18. Jan. 1773.	Eleon. Hel. Maria, geb. u. gestorb. im Dec. 1752.	Georg Burkhart, geboren d. 30. Jan. 1754, starb d. 24. Apr. 1758.	Sophia Maria, geb d. 1. Febr. 1756. Gem. Joh. Karl Sigm. Holzschuber von Aspach ic. Assessor im Stadtgericht, geb. d. 5. Oct. 1749, verm. d. 15. Mai 1775.

Georg Christoph Wilhelm Kreß von Kressenstein, geb. d. 29. Nov. 1744, Kadet 1758, Fähndrich 1761, Second Lieutenant bei dem Anspach. Kreiß Infanterie Regiment 1762, resignirte 1763, ward Assessor am Land- und Bauern-Gericht 1769, am Untergericht 1771, am Stadtgericht 1774, Burgamtmann 1776.
Gem. Barbara Johanna Munkerin von Glockenhof und Gleißbühl, Balth. Sebast. Munkers von Gleißbühl, hies. Consiliarii, Tochter, geb. d. 8. Jul. 1748, verm. d. 17. Mai 1768.

Georg Wilhelm, geb. d. 23. Merz 1770.	Sara Johanna, geb. d. 12. Oct. 1771.	Margaretha Felicitas, geb. d. 27. Aug. 1773, starb d. 9. Jun. 1774.	Rudolph Christoph Wilhelm, geb. d. 25. Dec. 1774.
Maria Magdalena Sara, geb. d. 5. Aug. 1777.	Christoph Karl Friedrich Wilhelm, geb. 1779 b. 13. Aug.	Anna Friederike Katharina, geb. d. 16. Apr. 1782.	

* * *

Christoph Jakob Kreß von Kressenstein, geb. d. 21. Jul. 1750, Assessor am Land- und Bauern-Gericht 1771, am Untergericht 1774, Waagamtmann 1779.
Gem. Katharina Barbara, Karl Herrmanns von Guttenberg Tochter, geb. d. 16. Merz 1749, verm. d. 12. Mai 1772.

Margaretha Katharina Jakobina Wilhelm. geb. d. 12. Mai 1773.	Maria Katharina Karolina Hedwig, geb. d. 17. Jul. 1774.	Katharina Sophia Maria, geb. den 23. Oct. 1776.	Anna Katharina, geb. d. 27. Jul. 1779.	Anton Ulrich, geb. d. 20. Dec. 1784.

Fortgesetztes Geschlechtsregister der Herren Kressen von Kressenstein.
Aus blühender Ferdinand-Sigmundischer Linie zu Dürrenmungenau.
s. Biedermann Tab. 292.

Johann Christoph Kreß von Kressenstein zu Dürrenmungenau und Rötenbach bei S. Wolfgang, geb. 1680 d. 23. Oct. starb als Stadt- und Bannrichter 1763 d. 7. Maii.
  Gem. 1) Maria Helena, Georg Sigm. Pömers und Maria Magd. Schlüsselfelderin, Tochter, geb. 1695 den 6. Jan. verm. d. 8. Aug. 1713. gest. 1717 d. 15. Jul.
  2) Dorothea Maria, Leonhard Grundherrn von Altenthann und Anna Maria Welserin von Neunhof, Tochter, geb. 1700 b. 3. Aug. verm. 1720 d. 5. Nov.

1.	1.	1.	2.
Maria Magdalena, geb. 1714 d. 18. Jul. starb 1764. d. 21. Febr. Gem. Balthasar Christoph Kreß von Kressenstein ꝛc. siehe Tab. C.	Maria Helena, geb. 1715. d. 16. Nov. starb 1772 b. 31. Oct. Gem. Anton Ulrich Füker von Haimendorf, geb. 1713 b. 4. Jun. verm. 1735 b. 15. Febr. starb 1765 b. 6. Merz.	Christoph Sigmund, gebohren u. gestorben 1717.	Johann Christoph, gebohren und gestorb. 1721.

1.	2.	2.	2.
Christoph Karl Von ihm und seinen Nachkommen siehe neben.	Katharina Dorothea Maria, geb. 1724 d. 29. Jan.	Johann Christoph, geb. 1725 d. 14. Maii, starb 1729 b. 2. Febr.	Georg Christoph, geb. 1726 ben 28. Jul. starb den 17. Sept. b. J.	Friedrich Christoph, geb. und gestorb. 1728.	Jobst Christoph, geb. u. gestorben 1729.

2.	2.	2.	2.
Johann Christoph Sigmund, geb. 1730. b. 16. Jun. Assessor am Land- und Bauerngericht 1755, am Untergericht 1757, am Stadtgericht 1761, Losungamts-Adjunct 1763, dritter Losungsrath 1764, zweiter 1765, vörderster 1786. Gem. Maria Hedwig, Karl Christoph Kreß von Kressenstein und Maria Philippina Volkamerin von Kirchens. Tochter, geb. d. 16. Apr. 1729. verm. 1755 d. 4. Merz.	Karl Christoph, geb. 1732, b. 29. Jan. starb den 7. Apr. b. J.	Georg Christoph, geb. u. gest. 1733.	Georg Christoph, geb. 1734 b. 11. Maii, seit 1781 Major des v. Treßkau'schen Fränk. Kürassier-Regiments.
	Barbara Maria, geb. 1735 b. 18. Nov. Gem. Heinr. Wilh. von Stauf auf Untrach, Ablitz und Wolfsfelden, geb. 1732 b. 27. Apr. verm. 1764 b. 5. Dec. starb 1780 b. 13. Aug.		Sigm. Christoph, geb. 1738 b. 7. Apr. starb 1741 b. 7. Apr.

Maria Hedwig, geb. d. 20. Dec. 1755; gest. den 2. Aug. 1756.	Mar. Eleo. Wilhelmina, geb. 1757 d. 28. Maii. Gem. Christoph Joh. Sigm. Haller von Hallerstein, Spital-Pfleger, geb. 1753 b. 19. Merz verm. 1776 d. 17. Sept.	Anna Maria Hedwig, geb. 1758 b. 11. Nov. Gem. Karl Friedr. Christoph Scheurl von Defersdorf, Pfleger zu Reicheneck, geb. 1752 d. 28. Jun. verm. 1779 d. 7. Sept.
Sabina Fried. Maria, geb. 1761 den 3. Jun. gest. 1764 d. 11. Merz.	Christoph Phil. geb. 1763 den 21. Apr. gest. 1764 d. 15. Febr.	Maria Sabina Hedwig, geb. 1767 b. 16. Merz. Gem. Christoph Friedrich Stromer von Reichenbach, geb. 1757 b. 9. Apr. verm. d. 19. Jul. 1785.	Anna Maria Karolina, geb. 1763 b. 18. Jun.	Sophia Hedwig Maria Philippina, geb. 1774 b. 27. Jun.

Christoph Karl Kreß von Kreſſenſtein zu Dürrenmungenau und Rötenbach bey S. Wolfgang, geb. 1723 d. 10. Jan. ward Aſſeſſor am Land- und Bauerngericht 1750, Weg- und Eleganzimann, Landumgeld, und Ammann über die weichen Steinbrüche 1751, Loſungraths Adjunct und wirkl. Loſungrath ꝛc. ꝛc. während daß er als Abgeordneter ſich in Wien befand, allwo er auch die Nachricht von der ihm d. 5. Apr. 1752 übertragenen Alten Genannten, ſowie am 24. Apr. 1753 erhaltenen Jungen Burgermeiſterſtelle erhielt. Nach ſeiner 1754 d. 20. Oct. erfolgten Zurückkunft ward er 1756 Deputirter zum Schauhauß und Unſchlittamt, auch Viertelmeiſter; 1758 Deput. zum Braugewerbe, 1759 Zinsmeiſter, 1760 Kriegsrath, Alter Burgermeiſter, Deput. zum Umgeld u. zum Fränk. Kreiß; 1763 Pfleger der Mendel. XII. Grüberſtiftung, 1764 Deput. zum kaiſ. Landgericht. A. 1765 d. 1. Oct. ward er beim hochlöbl. Fränk. Kreißconvent als Kreiß-Kriegsrath verpflichtet; 1766 wurde er Zeugherr, Appellationsrath, Waldherr, Deput. zur Kröper-Stiftung, zum Kornberg und Unbürgeramt, 1767 Septemvir, Deput. zum Zoll- und Waagamt und zum Armen- und Arbeitshauß, 1768 Kriegsobriſt, Deput. zum Stadtinſiegel, ingl. zum Leyhhauß, 1769 Deput. zum Schießgraben. A. 1775 muſte er obermahl in wichtigen Geſchäften eine Reiſe an das kaiſ. Hoflager nach Wien unternehmen, von da er 1776 im Febr. wieder zurück kam. Bald darauf ward er dritter Obriſter Hauptmann, und Kronhüter, Deput. zum Secretaſiegel, Bauherr und Getraidmeiſter, und 1785 zweiter Orts-Ausſchuß beim löbl. Ritter-Canton an der Altmühl. † 14 Mart. 1793.

Gem. Sophia Maria, Karl Chriſtoph Kreß von Kreſſenſtein u. Mar. Philippina Volkamerin von Kirchenſittenbach Tochter, geb. d. 18. Dec. verm. 1748 d. 5. Merz.

Christoph, geb. 1749 d. 8. Jan. in Engelthal, geſt. d. 10. b. M.	Joh. Sigm. Christoph, geb. 1749 d. 24. Nov. geſt. 1751 d. 23. Jul.	Johann Georg Friedrich Chriſtoph, geb. 1750 d. 10. Dec. Aſſeſſ. am Land- und Bauerngericht, auch Unſchlittamts Adjunct 1774, Unſchlittamtmann 1779. Gem. Maria Hedwig, Joh. Jak. Hallers von Hallerſtein, und Helena Maria Hallerin v. Hallerſtein, Tochter, geb. 1753 d. 12. Jun. verm. 1773 d. 8. Jun. geſt. 1784 d. 8. Mai.	Iſaak Bernhard Chriſtoph, geb. zu Wien 1752 d. 2. Oct. geſt. d. 4. Oct. b. J.	Iſaak Bernhard Ludwig Chriſtoph, geb. in Wien 1753 d. 23. Oct. geſt. d. 26. b. M. Sophia Maria Philippina, geb. 1754 d. 18. Dec. verm. 1775 d. 20. Jun. mit Chriſtoph Karl Sigm. Fürer von Haimendorf, Pfleger des Landalmoſens, geb. 1751 d. 16. Aug. Maria Hedw. Sophia, geb. 1756 d. 13. Nov. verm. 1774 d. 22. Aug. an Karl Chriſt. Sebaſtian Harsdörfer von Enderndorf, Senatorn u. Rugsherrn, geb. 1751 d. 2. Nov.

Helena Maria Hedwig, geb. 1774 d. 2. Jul.	Maria Hedwig Sophia, geb. 1775 d. 17. Aug.	Johann Georg Friedrich Chriſtoph, geb. 1776 d. 27. Nov.	Maria Felicitas, geb. 1778 d. 2. Aug.	Maria Philippina Karolina Friderika, geb. 1779 d. 19. Dec. ſtarb 1780 d. 15. Sept.
Chriſtoph Karl Jakob, geb. 1781 d. 24. Merz.		Chriſtoph Joachim, geb. 1782 d. 11. Sept.		Karl Chriſtoph Georg, geb. d. 29. Jun. 1783.

Fortgesetztes Geschlechtsregister der Herren Kreßen von Kreßenstein.
In blühender jüngerer Hauptlinie zu Neunhof.
f. Biedermanns Geschlechtsregister des Nürnbergischen Patriciats. Tab. 297.

Johann Adam Kreß von Kreßenstein ꝛc. ward 1746 Amtmann über Weeg und Steeg, auch des Landumgelds, 1751 Amtmann des Walds Sebaldi und des kaif. befreyten Forstgerichts Oberrichter, starb 1761 d. 26. Febr. Gem. Susanna Helena Stromerin von Reichenbach, verm. 1729 d. 2. Aug. starb 1777 d. 10. Jan.

Maria Salome, geb. 1730 den 2. Mail.	Susanna Helena, geb. 1732 den 23. Mail.	Christoph Wilhelm, geb. 1735 d. 15. Sept. ward Assessor am Land- u. Bauerngericht 1766, am Untergericht 1767, am Stadt- und Ehegericht 1775. Gem. Maria Anna, Johann Sigm. Holzschubers von Harrlach, vorderften Losungsraths, u. Anna Luria Fürerin von Haimendorf, Tochter, geb. 1748 d. 17. Nov. verm. 1766 d. 28. Mail.			Christoph Andreas Wilhelm, geb. 1742 d. 17. Oct. gest. 1750 d. 17. Oct.
Maria Anna Katharina, geb. d. 25. Nov. 1767, gest. den 4. Jul. 1769.	Anna Helena Katharina, geb. 1769 den 2. Dec.	Christoph Wilhelm Friedr. geb. 1773 b. 15. Aug. gest. 1775 d. 13. Sept.	Christoph Wilhelm Karl, geb. 1775 den 25. Oct.	Christoph Wilh. Sigm. geb. 1778 d. 28. Nov. gest. 1779 d. 3. Jan.	

Einzelne Bemerkungen.
I. Zur 284sten Tabelle im Biedermann.

Karl Sigmund Kreß, ꝛc. starb 1750 d. 7. Sept. Seine 2te Gemahlin, Barb. Helena Harsdörferin von Endernsdorf, starb 1779 d. 3. Merz.

Hans Christoph Kreß ꝛc. ward Assessor am Land- und Bauerngericht 1730, Umgeldamtmann 1735, Senator 1751, Landpfleger 1758, Septemvir und vörderster Landpfleger 1766, und starb d. 29. Jun. 1767.

Gem. 1) Susanna Helena, gebohrne Hülßin von Rathsberg, starb 1757 den 27. Jul.

2) Maria Helena, Karl Gottfried Pfinzings von Henfenfeld, und Maria Helena Tucherin von Simmelsdorf, Tochter, geb. 1706 den 26. Maii, verm. 1758 den 18. Jul. starb den 3. Jun. 1767.

Rudolph Christoph Kreß ꝛc. starb unvermählt in Altdorf 1782 den 23. Dec.

Marcus Karl Kreß ꝛc. ward Major unter dem Baireuthischen Kreisregiment, und blieb in der Schlacht bey Roßbach.

II. Zur 287sten Tabelle im Biedermann.

Johann Jakob Friedrich Kreß ꝛc. geb. 1723 d. 5. Febr. starb 1771. ward Assessor am Land- und Bauerngericht 1749, am Untergericht 1752, am Stadt- und Ehegericht 1753, Oberpfleger in Gostenhof 1765, Richter in Wöhrd 1766.

Gem. Clara Sophia, Christoph Jakob Pellers von Schoppershof und Helena Jakobina Dörrerin, Tochter, verm. b. 1. Oct. 1748.

17

Fortgesetztes und verbessertes Geschlechtsregister der Herren Welser von Neunhof.

s. Biedermanns Geschlechtsregister des Nürnbergischen Patriciats. Tab. DLXVII.

Sebastianische jüngere Hauptlinie zu Nürnberg.

Christoph Karl Welser von Neunhof und Röthenbach bey S. Wolfgang, geb. 1690 d. 20. Dec. ward Assessor und Schöpf am Stadt- und Bauerngericht 1716, am Untergericht 1722, Senator 1724, Baumeister 1736, starb d. 20. Jul. 1756.
Gemahlin. Maria Sabina, Ulrich Sebastian Fürers von Haimendorf, dritten Obristen Hauptmanns und vordersten Kriegsraths, und Susanna Maria, geb. Harsdörferin von Fischbach, Tochter, geb. d. 17. Nov. 1695, vermählt d. 22. Aug. 1713, starb d. 6. Apr. 1759.

Karl Sebastian, geb. d. 18. Jul. 1714, starb den 14. Aug. dieses Jahrs.

Karl, geb. d. 10. Sept. 1715, starb d. 21. May 1717.

Maria Helena, geb. d. 15. Oct. 1716, starb den 2. Jun. 1717.

Regina Maria, geb. d. 28. Nov. 1717, starb d. 6. Apr. 1783.

Klara Maria, geb. d. 2. Febr. 1719, starb den 19. Dec. 1756.

Maria Magdalena, geb. d. 12. Jul. 1720.

Paul Karl, geb. d. 7. Febr. 1722. Von ihm und seinen Nachkommen s. neben.

Christoph Karl, geb. d. 9. Jul. 1723, starb d. 3. Oct. 1766.

Karl Wilhelm, geb. den 15. Nov. 1724, starb den 18. Dec. 1727.

Karl Christoph, geb. d. 12. Merz 1726, starb den 8. Jul. 1726.

Karl, geb. d. 12. Merz 1726, starb mit seinem Zwillingsbruder d. 8. Jul. 1726.

Karl Sebastian, geb. d. 12. Aug. 1727, Senator und älter Genannter 1757.
Gem. Maria Magdalena, Joh. Wilhelm Furtenbachs von Reichenschwand und Klara Maria Schurlin von Oelsersdorf, Tochter, geb. d. 19. May, verm. d. 7. Dec. 1756.

Anna Maria, geb. d. 2. Dec. 1728, starb d. 4. Dec. 1733.

Maria Sabina, geb. d. 16. Febr. 1731.

Maria Heb-twig, geb. d. 9. May 1731.

Johann Karl Joachim, geb. d. 19. Aug. 1732, starb als Fähndrich unter des General Major von Zehe Fränkischen Kraiß-Infanterie Regiment d. 10. April 1751.

Karl Sigmund, geb. d. 24. Jan. 1734, starb als Fähndrich unter des General von Feintheils Fränk. Kraiß Infanterie Regiment den 28. Oct. 1751.

Maria Helena, geb. d. 25. Oct. 1757.

Katharina Eleonora, geb. d. 9. May 1760.

Maria Rathari-na, geb. den 15. Jun. 1763.

Johann Wilhelm Karl, geb. d. 21. Febr. 1766, starb den 23. Merz 1767.

Klara Maria, geb. d. 21. Jun. 1771.

Paul Karl, gebohr. d. 8. Sept. 1772.

Christoph Karl, geb. den 6. Sept. 1775.

Maria Felicitas, geb. d. 24. Merz 1737, starb d. 2. Oct. 1739.

Hanß Karl, geb. d. 23. May 1738, starb 1743.

Paul Karl Welser von Neunhof und Röthenbach bey S. Wolfgang, geb. d. 7. Febr. 1722, ward Assessor und Schöpf am Land und Bauerngericht 1748, am Untergericht 1751, am Stadtgericht 1752, Senator 1755, Scholarch 1764, des ältern geheimen Raths und Kirchenpflegers 1776.

Gemahlin. Maria Klara, Christoph Wilhelm Scheurls von Defersdorf auf Worra und Schwarzenbruck, Pflegers zu Kalb, und Klara Helena Tucherin von Simmelsdorf, Tochter; geb. 1724 d. 26. Nov. verm. d. 22. Aug. 1747, starb d. 30. Merz 1773.

Maria Sabina, geb. d. 23. Apr. 1749.
Gem. Sigmund Elias Holzschuher von Harrlach auf Thalheim und Westenbergsgreuth, damals Assessor am Untergericht, nun Pfleger des Stadtalmosens, verm. d. 15. Maii 1770.
Christoph Karl Friedrich, geb. d. 10. Sept. 1753, starb d. 2. Apr. 1754.
Hannß Karl, geb. d. 14. Oct. 1758. Assessor und Schöpf am Land- und Bauerngericht 1784, am Untergericht 1786.
Gem. Helena Maria, hannß Joachim Hallers von Hallerstein, Assessors und Schöpfens am Stadt und Ehegericht und Adjuncts im Unschlittamte, und Maria Magdalena Kreßin von Kressenstein, Tochter; geb. d. 7. Jun. 1760, verm. d. 14. Oct. 1783.

Karl, geb. d. 20. Jul. 1784, starb d. 6. Aug. 1785.

Paul Karl, geb. d. 28. Febr. 1786.

Karl, geb. b. 5. Febr. 1755, starb d. 4. Nov. 1757.
Ein todtgebohrnes Söhnlein 1760.
Karl Christoph Friedrich, geb. d. 2. Apr. 1762. starb an diesem Tag.
Anna Maria, starb d. 20. Maii 1767.

Karl Wilhelm, geb. d. 30. Jun. 1750, starb d. 7. Apr. 1762.
Joachim Karl, geb. d. 20. Sept. 1756, starb d. 4. Nov. 1757.
Christoph Karl, geb. d. 10. Jan. 1761, starb an diesem Tag.
Karl Wilhelm, geb. den 30. Maii 1763. Seit 1785 Kadet unter dem Kais. Kön. Kürassier Regiment Anspach in Ungarn, geb. d. 9. Jul. 1766,

Rudolph Karl, geb. den 12. Jun. 1752, starb d. 4. Oct. 1752.

Bemerkungen zu Biedermanns Tab. DLXX. A.

Johann Karl Welser v. Neunhof ward 1751 kaiserl. wirkl. Rath, Kronhüter und Verwahrer der Reichskleinodien und dritter Oberister Hauptmann, 1752 treverer, und noch in diesem Jahre vorderster Losunger, Schultheiß und Pfleger der Reichsvöcsten &c. starb 1755 d. 13. Febr.

Dessen Gemahlin, Maria Helena, geb. Hallerin von Hallerstein, starb d. 2. Sept. 1764.

Dessen Tochter, Maria Sabina, vermählte Oelhafin von Schöllenbach, starb d. 9. Sept. 1754.

Fortgesetztes Geschlechtsregister der Herren Haller von Hallerstein.

f. Biedermanns Geschlechtsregister des Nürnbergischen Patriciats. Tab. CCXII.

Burkhard Albrecht Haller von Hallerstein, geb. 1683. d. 3. Jul. Pfleger des Pilgrimspitals zum h. Kreuz seit d. 6. Maii 1749; ward 1757 im Maii von den Preussen bey Gelegenheit der Bayerischen Invasion, vor der Stadt bey der Weidenmühl weggenommen, und als Geisel mit nach Dresden geführet, allwo er d. 23. Aug. 1757 gestorben.

Gem. Maria Philippina, Ferdinand Paumgärtners von Holenstein, und Eva Walpurg Gryllin von Altdorf auf Schwitz und Eichenfelden, Tochter, geb. d. 12. Dec. 1705, verm. d. 14. Maii 1720, starb d. 12. Apr. 1771.

Johann Burkhard, geb. d. 10. u. gest. d. 11. Jan. 1721.
Johann Georg, geb. d. 18. und gest. d. 23 Aug. 1722.
Friedrich Wilhelm, gebohr. und gest. d. 9. Jun. 1723.
Johann Paul, geb. d. 9. Jun. 1725, starb d. 11. Dec. 1726.
Barbara Sabina, geb. 1729 b. 25. Merz, starb 1747 d. 1. Maii.
Regina Juliana, geb. 1733. den 16 Febr. starb d. 12. Apr. 1734.
Anna Maria Philippina, geb. d. 13. Oct. 1735, starb 1747 d. 19. Jun.
Maria Sabina Wilhelmina, geb. d. 28. Febr. 1744, starb d. 9. Jun. 1745.
Maria Sophia, geb. d. 15. Jan. 1747, starb d. 6. Apr. d. J.

Tab. CXXIII. A.

Johann Jacob Haller von Hallerstein, Assessor am Untergericht, geb. 1695 d. 3. Jul. starb 1738 d. 1. Jan. Gem. Maria Helena Fürerin von Haimendorf, geb. 1695 d. 6. Sept., verm. d. 22. Oct. 1719, starb 1731 den 28. Dec.

Susanna Helena, geb. d. 8. Oct. 1720, starb d. 23. Februarii 1721.	Johann Jacob, geb. 15. Dec. 1721, kam in Rath 1749, starb als Scholarch 1756 d. 15. Jun. Gem. Helena Maria, Hans Jouch. Hallers von Hallerstein u. Maria Juliana Rüslin von Sünderbühl Tochter, Joh. Sigm. Fürers von Haimendorf Witwe, geb. 1725 d. 3. Jun. verm. d. 13. Febr. 1748.		
	Anna Maria, geb. d. 1. Apr. 1719. Gem. Joh. Wilh. Friedr. Löffelholz von Colberg, R.U.ramtmann, geb. 1743 d. 4. Oct. verm. d. 15. Maii 1770.	Maria Hedwig, geb. d. 13. Jun. 1753, starb d. 8. Maii 1784. Gem. Joh. Georg Friedr. Kreß von Kressenstein, Unschlittamtmann, geb. 1750 d. 9. Dec. verm. d. 8. Jun. 1773.	

Philippina Jacobina, geb. d. 19. Nov. 1723.
Gem. Jobst Christoph Harsdörffer von Enderndorf, Senator und Oberlandpfleger, geb. d. 24. Nov. 1721, verm. d. 1. Oct. 1754, starb 1786 d. 9. Maii.

| Maria Helena, geb. d. 15. Merz 1729 als Zwilling. Gem. Carl Moriz Fürer von Haimendorf, geb. 1733 d. 3. Jul. verm. d. 28. Maii 1771, starb d. 13. Nov. 1782. | Maria Felicitas, geb. 1725 d. 8. Nov. | Johann Christoph, geb. d. 15 Merz 1729 als Zwilling, starb d. 20. Nov. 1745. | Maria Magdalena, geb. und gest. 1728. | Anna Helena, geb. den 13. Nov. 1730, starb d. 1. Jan. 1732. |

B.

Christoph Albrecht Haller von Hallerstein, geb. d. 2. Aug. 1663, starb d. 21. Jan. 1716.
Gem. Maria Barbara Harsdörferin von Fischbach, geb. 1675 d. 21. Jan. verm. d. 22. Apr. 1695, starb d. 8. Sept. 1752.

Maria Helena, geb. 1696 d. 25. Febr. starb 1764 d. 2. Sept. zu Kornburg
Gem. Johann Karl Welser von Neunhof, geb. 1685 d. 31. Jul. verm. d. 23. Oct. 1714, starb als Castellan 1755 d. 13. Febr.

Biedermann Tab. CXXXIII.

Johann Sebastian Haller von Hallerstein, des Fränk. Kreißes General-Feldmarschall Lieutenant und Senator zu Nürnberg, starb 1745 d. 21. Maii.
Gem. I. Maria Helena Pömerin, starb d. 13. Apr. 1723. II. Sophia Maria Rüßlin von Sündersbühl, verwittibte Baumgärtnerin von Holenstein, geb. 1700 d. 25. Jul. verm. 1730 d. 21. Jun. † 1789 14 Aug.

1.
Sophia Maria, geb. d. 31. Aug. 1721, starb 1766 d. 17. Aug.
Gem. Joh. Sigmund Pfinzing von Henfeld, arb. d. 29. Dec. 1712, verm. 1740 d. 26. M:rz, starb als Castellan und vorderster Losunger d. 10. Merz 1764.

1.
Johann Sigmund, gebohren als Zwilling 1723 d. 23. Merz, seit 1757 Senator, 1766 Kriegsrath und Pfleger zum h. Kreuz, 1781 September.
Gem. Maria Helena, Hier. Wilh. Ebners von Eschenbach, zweiten Losungers, und Maria Jacobina Rüßlin von Sündersbühl, Tochter, geb. d. 8. Sept. 1734, verm. d. 27. Aug. 1754.
Von seinen Nachkommen siehe neben.

I.
Johann Georg, gebohren als Zwilling d. 23. Merz 1723, Obristlieutenant unter dem v. Schertelschen Fränk. Kreißregiment 1773, Pfleger zu Hersbruck 1771.
Gem. I. Maria Jacobina, Carl Ben. Tuchers von Simmelsdorf, und Maria Cathar. Ebnerin von Eschenbach, Tochter, geb. d. 7. Jun. 1731, starb d. 22. Jun. 1762. II. Maria Magd. Anna, Jacob Gottl. Rud. Volkamers, Laubpflegers, und Maria Anna Pellerin von Schoppershof, Tochter, geb. d. 6. Aug. 1744, verm. d. 7. Nov. 1769.

Catharina Eleonora, geb. d. 20. Aug. 1731.
Gem. Carl Christoph Stromer von Reichenbach, Senator, geb. 1728 d. 3. Maii, verm. d. 3. Merz 1751, starb 1785 den 2. Febr.

1.
Sophia Maria, geb. d. 22. Apr. 1751, starb d. 13. Dec. 1760.

1.
Sophia Maria Johanna, geb. d. 10. Apr. u. gest. d. 13. Nov. 1752.

1.
Maria Catharina Charlotta, geb. d. 1. Jan. 1755, starb d. 11. Jan. 1756.

1.
Maria Jacobina, geb. und gest. im Febr. 1758.

1.
Maria Hedwig Jacobina, geb. d. 8. Maii 1759.

1.
Johann Sigmund, geb. d. 28. Merz 1762.

2.
Barbara Sabina Friderica, geb. d. 22. Nov. 1781, starb.

Johann Sigmund Haller von Hallerstein, auf Henfenfeld, Grünhlach ꝛc.
Gem. Maria Helena Ebnerin von Eichenbach.

Johann Sigmund, geb. b. 19. Aug. 1756, seit d. 19. Nov. 1784 Beamter im Leihhaus.
Gem. Charlotta Amalia Friderica Luisa, Justus Wilhelm Buttlers von Leimbach, Ditlas und Wildprechtseroden, und Anna Christina Sophia Schenkin auf Schweinsberg und Buchenau, Tochter, geb. 1757 d. 22. Apr. verm. d. 19. Aug. 1783.

Maria Jacobina, geb. den 28. Nov. 1757, starb d. 5. Jun. 1762.

Maria Helena Charlotta, geb. d. 19. Jun. 1784.

Johann Sigmund, geb. b. Jun. 1785.

Catharina Leonora, geb. d. 26. Merz 1759.
Gem. Christ. Gottl. Sigm. Holzschuher von Aspach, Umgeldeammann, geb. d. 13. Apr. 1757, verm. 1778 d. 10. Jun.

Sophia Maria, geb. b. 18. Sept. 1760.
Gem. Christ. Carl Joseph Ludw. Geuder v. Heroldsberg, Senator, verm. den 8. Sept. 1781.

Samuel Carl Christoph, geb. d. 10. Oct. 1761.

Jacob Gottlieb Rudolph, Lieutenant in Wirtemberg. Diensten, geb. 1763 d. 10. Oct.

Maria Hedwig, geb. 1764 den 20. Sept.

Anna Maria Jacobina, geb. und gest. 1766.

Johann Carl, geb. d. 19. Merz 1767, starb d. 2. Apr. d. J.

Susanna Maria, geb. d. 2. Jan. 1769.

Sophia Maria Friderica, geb. d. 23. Apr. 1771.

Johann Georg, geb. den 23. Apr. 1773.

Leonora Carolina, geb. den 3. Dec. 1777.

Biedermann Tab. CXXXV.

Johann Georg Haller von Hallerstein, Losungrath, starb d. 27. Jul. 1763.
   Gem. Cathar. Eleonora Näglin von Sündersbühl, starb d. 3. Oct. 1771.

Georg Burkhart, ward 1765 Großkreuzherr des Brandenb. rothen Adlerordens, dritter Obrister Hauptmann und Kriegsobrist allhier 1766, starb d. 1. Jul. 1766.
   Gem. Susanna Maria Kressin von Kressenstein, starb 1767 b. 20. Merz.

Sophia Maria, geb. b. 22. Nov. 1743.
  Gem. Sigm. Friedrich von Fürer, Senator, geb. b. 23. Oct. 1737, verm. b. 23. Oct. 1765.

Christoph Michael, geb. 1744 b. 24. Nov. starb als Kapitän Lieutenant des Kerpenschen Kreißregiments d. 20. Sept. 1781.

Sophia Catharina, geb. 1718 b. 24. Nov.
  Gem. Christoph Adam Friedr. Behaim, Landpfleger, starb 1758 im Oct.

Susanna Maria Catharina, geb. 1746 b. 25. Mail.
  Gem. Jac. Gottl. Wilh. v. Löffelholz, Waldamtmann, geb. b. 6. Oct. 1747, verm. b. 27. Apr. 1773.

Maria Hedwig, geb. 1748 b. 24. Merz.
  Gem. Christ. Carl Sebast. von Fürer, Hauptmann, geb. 1742 b. 19. Jan. verm. b. 22. Maii 1770.

Helena Eleonora.
  Gem. Jobst Wilh. Ebner von Eschenbach, Landpfleger, starb den 22. Merz 1763.

Maria Salome, geb. b. 24. Apr. 1749, starb b. 10. Nov. b. J.

Johann Jacob, geb. 1750 b. 23. Sept. starb den 16. Dec. b. J.

Maria Juliana, geb. 1726 b. 23. Merz, starb 1748 b. 11. Jul.

Anna Maria, geb. 1730 b. 7. Aug. starb den 22. Merz 1753.

Georg Christian, geb. 1732 b. 3. Mail, Beamter im Umgeld 1761, Pfleger der Klöster St. Claren und Pillenreut 1783.
  Gem. Anna Lucia, Ant. Ulr. Fürers von Haimendorf, Assessor im Stadtgericht, und Maria Helena von Kreß, Tochter, geb. 1742 b. 19. Nov. verm. b. 2. Merz 1762.

Helena Sabina, geb. 1736 b. 24. Oct.
  Gem. Joh. Paul Sigm. Kreß v. Kreßenstein, Wagamtmann, geb. den 17. Jun. 1733, verm. den 19. Sept. 1770.
Adam Rudolph, geb. b. 5. Aug. 1739, starb.

Maria Helena, geb. b. 4. Jan. 1765.
  Gem. Jac. Christian W.lh. Scheurl von Defersdorf, geb. b. 13. Maii 1763, verm. 1785.

Helena Eleonora, geb. b. 22. Dec. 1767, starb d. 11. Oct. 1768.

Biedermann Tab. CXLIII.

Hans Joachim Haller von Hallerstein, Landpfleger, geb. 1665 d. 22. Jun. starb 1748 d. 5. Dec.
Gem. I. Maria Juliana Müßlin, verm. 1720 d. 16. Apr. starb d. 11. Apr. 1727.
Gem. II. Maria Helena von Pömer, geb. 1712 d. 24. Jun. verm. d. 18. Jan. 1729, starb d. 11. Jan. 1753.

1.

Christoph Joachim, geb. d. 25. Sept. 1723. Herzogl. Bair. Geheimer Rath 1750, Senator 1767, Rugsherr 1771, Rugspräses 1781, Scholarch 1785, alter Burgermeister 1786, Deput. zum Infectionsamt 1774, zum Arm. u. Arbeitshauß 1768, zu den Unburgern 1781.
Gem. Anna Sibylla Jacobina, Christoph von im Hof, und Juliana Regina von Muffel, Tochter, geb. d. 2. Apr. 1729, verm. d. 22. Oct. 1748.

1.

Maria Helena, geb. 1725 d. 3. Jun.
Gem. I. Joh. Sigm. v. Fürer, verm. den 15. Nov. 1745, starb d. 20. Dec. 1746.
II. Joh. Jac. Haller von Hallerstein, Senator und Scholarch, verm. d. 15. Febr. 1748, starb den 15. Jun. 1756.
III. Carl Friedr. Behaim von Schwarzbach, Kirchenpfleger ꝛc. verm. d. 16. Jan. 1776, starb d. 17. Mertz 1776.

Hans Christoph Joachim, geb. d. 18. Sept. 1749, Assessor am Laud- und Bauerngericht 1774, am Untergericht 1781.

Joh. Sigm. Christoph Joachim, geb. d. 19. Merz 1753. Assess. am Land- und Bauerngericht 1775, am Untergericht 1776, Spitalpfleger 1780.
Gem. Maria Eleon. Wilhelmina, Joh. Christ. Sigm. Kreß von Kressenstein, Losungsraths, u. Maria Hedwig, gebohrnen von Kreß, Tochter, geb. d. 28. Mai 1757, verm. 1776 d. 17. Sept.

Clara Mar. Eleon. Juliana, geb. 1777 d. 1. Aug.

Christoph Joachim, geb. d. 9. Oct. 1779.

Maria Hedwig Sibylla, geb. 1782 d. 12. Oct.

Anna Maria Carolina Friderica, geb. 1785 d. 29. Dec.

2.

Hans Joachim, geb. d. 6. Nov. 1729, starb als Stadtgerichtsassessor u. Adjunct im Unschlittamt d. 1. Apr. 1768.
Gem. Maria Magdalena, Balth. Christoph Kreß von Kressenstein, Pflegers zu Altdorf, und Maria Magdalena, geb. von Kreß, Tochter, geb. d. 22. Sept. 1735, verm. 1754 d. 18. Jun.

Maria Magdalena, geb. 1755 d. 12. Mai.
Gem. Carl Jac. Wilh. von Scheurl, Assessor am Land- und Bauerngericht, geb. 1756 d. 24. Jul. verm. d. 27. Nov. 1781.

Christoph Hans Joachim, geb. 1757 d. 22. Jan. seit 1783 Assess. am Land- u. Bauerngericht.
Gem. Helena Maria Marg. Wilhelm. Jobst Wilh. b. Furtenbach, Pflegers zu Lauf, und Marg. Dor. Vestelin, Tochter, geb. 1769 d. 11. Apr. verm. d. 14. Febr. 1785.

Helena Maria, geb. d. 7. Jun. 1760.
Gem. Hans Carl v. Welser, Ass. im Untergcr. geb. d. 14. Oct. 1758 verm. den 14. Oct. 1783.
Anna Maria, geb. den 17. Sept. 1762.
Maria Helena, geb. den 28. Oct. 1765.

Helena Maria Wilhelmina, geb. d. 27. Nov. 1785.

2.

Carl Joachim, geb. 1733 d. 1. Jul. war Hauptmann in Braunschweig. Diensten, resignirte, u. ist seit 1775 Pfleger zu Gräfenberg, seit 1776 Major.
Gem. Sophia Amalia Luise, Christoph Albr. Carl v. im Hof, und Maria Jul. Sophia von Calenberg, Tochter, geb. d. 6. Oct. 1739, verm. 1766 d. 20. Mai.

Wilhelm Christoph Joachim, geb. 1739 den 11. Mai, starb als Hauptmann in Nürnberg. Diensten 1779 d. 7. Oct.

Maria Hel. Carol. Philippina, geb. d. 26. Febr. 1767.
Joh. Christ. Carl Wilh. Joachim, geb. d. 10. Jun. 1774.

Christoph Joach. Wilh. geb. und gest. im Jun. 1768.

Anna Maria Dor. Sophia Amalia, geb. d. 9. Jun. 1770.
Georg Christ. Friedr. Carl, geb. den 5. Dec. 1775.

Christoph Jacob Wilh. Carl Joach. geb. d. 6. Jul. 1771.
Anna Carol. Maria Jul. Wilhelmina, geb. d. 4. Febr. 1777.

Maria Reg. Luise Theresia, geb. den 5. Mai 1773.

Fortgesetztes Geschlechtsregister der Herren Waldstromer von Reichelsdorf.

s. Biedermanns Geschlechtsregister des Nürnberg. Patriciats. Tab. 551. E.

Christoph Jakob Waldstromer von Reichelsdorf zu Schwaig, g. b. 1701 b. 26. October.
Gem. 1) Sabina Dorothea, Johann Christoph Dietherrn zu Schwaig, und Anna Regina Fetzerin von Buschschwabach, Tochter, geb. d. 14. Sept. 1695, verm. d. 16. Sept. 1727, starb den 24. Jul. 1738.
2) Magdalena Regina, Wolf Christoph Winklers von Mohrenfels, zu Hembsen, Buch und Zeckern, kaiserl. wirkl. Raths rc. und Anna Margaretha Tucherin von Simmelsdorf. Tochter, Hans Friedr. Löffelholzens von Colberg Assessors am Land- und Bauerngericht, Wittwe, geb. 1717 den 20. Mai, verm. 1740 den 15 Nov. starb 1749 d. 27. Januar.

Er starb 1766 d. 13. Mai als kais. wirkl. Rath, Kronhüter und Verwahrer der Reichskleinodien, bey der Republik Nürnberg des ältern geheimen Raths, dritter Obrister Hauptmann, vorderster Landpfleger, Zoll- und Waagherr, Pfleger des Pilgermspitals zu S. Martha und seines Geschlechts Aeltester.

1.

Catharina Sabina Dorothea, geb. 1728 b. 30. Jun. starb b. 1. Jul. dieses Jahrs.

1.

Christoph Wilhelm, geb. d. 15. Jun. 1729. Seit 1781 des ältern geheimen Raths, obrister Vormund der Wittwen und Waisen, Oberalmospfleger, Scholarch, Curator der Universität zu Altdorf. Banco und Münzherr, Pfleger des Marthaspitals und der Familie Senior.
Gem. Anna Maria, Carl Alexander Grundherrn von Altenthann und Weiherhaus, Senators und vordersten Rugsherrn, und Maria Barbara Winklerin von Mohrenfels, Tochter, geb. 1732 d. 8. April, verm. 1754 d. 26. Nov. Seine Nachkommenschaft s. neben.

1.

Carl Alexander, geb. d. 11. Jul. 1732. des innern geheimen Raths u. Alter Genannter, Viertelmeister und Pfleger des Siechkobels zu St. Leonhart.
Gem. Eva Sophia Maria, Hanns Paul Löffelholz von Colberg, Senators, und Anna Maria Peemerin, Tochter, geb. 1726 d. 11. Oct. verm. d. 13. Merz 1764.

1.

Carl Sigmund, geb. d. 7. Mai 1734.

1.

Rudolph Christoph, geb. 1736 den 12. Mai, starb d. 21. d. M.

2.

Anna Regina, geb. d. 25. Aug. 1741, starb den 1. Sept. dieses Jahrs.

2.

Johann Christoph, geb. 1746 d. 3. Sept. starb d. 24. Dec. dieses Jahrs.

Christoph Wilhelm Waldstromer von Reichelsdorf auf Schwaig ꝛc. ꝛc.

Christoph Jakob Wilhelm, geb. d. 23. Dec. 1755, ward 1780 Assessor am Land- u. Bauerngericht, 1783 dritter Beamter im Leibhauß, 1784 Kassier desselben.
Gem. Helena Maria, Johann Carl Sigm. Holzschuer von Aspach, Harrlach und Beslenbergsgereuth, Pflegers der beiden Klöster S. Claren und Pillenreuth, u. Maria Helena Lucherin von Simmelsdorf, Tochter, geb. d. 17. Apr. 1753, verm. d. 20. Merz 1781.

Carl Alexander, geb. d. 20. Jan. 1757, seit 1785 Assessor des Land- und Bauerngerichts, seit 1786 des Untergerichts.
Gem. Anna Maria, Christoph Karl Grundherrn von Altenthann und Weierhauß, Assessors am Stadt- und Ehegericht, und Clara Maria Helena Kressin von Kressenstein, Tochter, geb. d. 10. Aug. 1761, verm. d. 16. Nov. 1784.

Christoph Wilhelm Carl, geb. d. 30. Nov. 1785, starb d. 4. Dec. dieses Jahrs.

Anna Catharina Maria, geb. den 25. April 1758, starb d. 18 May 1759.

Christoph Wilhelm, geb. 1782 d. 11. Jan. starb d. 14. darauf.

Carl Sigmund Wilhelm, geb. und gestorben 1783 d. 26. Febr.

Anna Catharina Wilhelmina, geb. 1785 d. 27. Nov.

Fortgesetztes Geschlechtsregister der Herren Behaim von Schwarzbach.

f. Biedermanns Geschlechtsregister des Nürnbergischen Patriciats Tab. XIII. und XV.

Sigmund Friedrich Behaim von Schwarzbach, Septemvir und Kriegsrath, starb 1746 d. 14. Merz. Gemahlin. Anna Maria Fürerin von Haimendorf, verm. 1709 d. 15. Oct. starb 1763 d. 11. Oct.

Christoph Adam Friedrich, geb. 1713 den 6. Jan. starb als dritter oberster Hauptmann, vorderster Landpfleger, Zeug-Bau- und Waghert u. a. m. d. 21. Oct. 1758.
Gem. Sophia Catharina, Johann Georg Hallers von Hallerstein, Losungraths u. Catharina Eleonora Nützlin von Sündersbühl, Tochter, geb. 1718 d. 24. Nov. verm. 1735 d. 22. Nov.

Maria Anna, geb. 1715 b. 7. Nov. starb b. 8. Nov. 1778.
Gem. Johann Burkhart Volkamer von Kirchensittenbach, Waldamtmann, geb. 1713 den 8. Merz, verm. 1737 d. 19. Merz.

Carl Friedrich. Von ihm und seinen Nachk. siehe neben.

Christoph Wilhelm Friedrich, geb. 1727 d. 15. Nov. ward Assessor am Bauern- und Untergericht 1752, am Stadt u. Ehegericht 1756, Senator, Alter Genannter und Deputatus zum Münzvistationsamt 1759; jüngerer Bürgermeister 1760, Rugsherr u. Deput. zum Fraisch- u. Frevelamt 1764; Viertelmeister, dann Rugs-Präses, u. darauf Landpfleger 1767; älterer Bürgermeister, Appellationsrath u. Waldherr 1774, Deput. zum Kaiserl. Landgericht 1776, zur Untersuchungs-Commission, dann Administrator der Tetzelschen Stiftung 1780; Protoprovincial, auch vorderster Appellationsrath u. Waldherr, Deputat. zum Kornberg und Burgamt, auch zur Keyperischen Stiftung. 1786.
Gem. Maria Magdalena, Christ. M.ch. Kreß von Kreßenstein, Kriegsraths, u. Maria Salome Scheurlin von Defersdorf, Tochter, geb. 1722 d. 5. Jan. verm. 1752 den 21. Febr. starb d. 20. May 1782.

Georg Friedrich, Assessor am Land- u. Bauerngericht, geb. 1737 d. 9. Nov. starb d. 14. Jun. 1767.
Gem. Maria Philippina, Carl Christoph Kreß von Kressenstein, Pflegers zu Engelthal, und Maria Philippina Volkamerin von Kirchensittenbach, Tochter, geb. 1745 d. 1. Sept. verm. 1762 d. 31. Aug.

Sophia Maria, geb. 1745 d. 18. Febr.
Gem. Christoph Gottlieb Scheurl von Defersdorf, seit 1775 Assessor am Stadtgericht, verm. den 10. Sept. 1771.

Johann Friedrich, geb. 1731 d. 8. Dec. starb unvermählt 1774 d. 4. Febr.

Carl Friedrich, geb. d. 29. Apr. 1765.

Christoph Georg Friedrich, geb. d. 15. Jun. 1757.

Carl Friedrich Behaim von Schwarzbach, geb. 1721 d. 15. Dec. starb als Kais. wirklicher Rath, Kronhüter und Verwahrer der Reichs-Insignien, bey hiesiger Republik dritter obrister Hauptmann, Kirchenpfleger u. a. m. 1776 d. 17. Merz.
Gem. I. Maria Salome Fürerin von Haimendorf, geb. 1727 d. 6. Jan. verm. 1746 d. 24. Oct. starb 1774 d. 23. Dec.
II. Helena Maria, gebohrne und verwittibte Hallerin von Hallerstein, verm. d. 16. Jan. 1776.

1.

Carl Friedrich, geb. 1747 d. 30. Oct. Assessor am Land- und Bauerngericht 1771, am Untergericht 1773; Senator und jüngerer Bürgermeister 1776, Rugsherr 1786.
Gem. Maria Helena, Jobst Christoph Harsdörfers von Enderndorf, rödersten Landpflegers ꝛc. u. Maria Juliana Fürerin von Haimendorf, Tochter, geb. 1747 d. 10. Oct. verm. 1771 d. 14. Mait.

Carl Friedrich Christoph, geb. d. 27. Jul. 1775.

Jobst Christoph Friedrich, geb. d. 8 Dec. 1779, starb 1784 d. 26. Aug.

Christoph Wilhelm Friedrich, geb. 1780 d. 20. Dec. gestorben 1781 d. 18. Jun.

1.

Siegmund Friedrich, geb. 1749 den 9. Aug. ward Assessor am Land- und Bauerngericht 1771, Beamter im Umgeld 1772, vorderster Umgeldamtmann 1783.
Gem. Maria Sophia, Christoph Carl Kreß von Kreßenstein, Senatore und Rugsherrn, und Maria Klara Ebnerin von Eschenbach, Tochter, geb. 1755 d. 15. Aug. verm. d. 17. Aug. 1773.

Maria Friderica Salome, geb. 1774 d. 5. Dec.

Fortgesetztes Geschlechtsregister der Herren Gugel von Diepoltsdorf.

s. Biedermanns Geschlechtsregister des Nürnbergischen Patriciats. Tab. XC.

Johann Christoph Gugel von Diepoltsdorf, ward 1763 Stadt- u. Bannrichter, u. starb 1773 d. 5. Merz. Gem. I. Maria Helena Stromerin von Reitenbach, verm. d. 6. Mail 1720, starb d. 1. Jul. 1746.
II. Maria Hedwig, Carl Wilh. Ebners von Eichenbach, Oberpflegers in Gostenhof und Maria Salome Löffelholzin von Colberg Tochter, Jacob Christoph Oelhafens von Schöllenbach, Assessors am Land- und Bauerngericht, Wittwe, geb. 1720 d. 14. Sept. verm. d. 21. Nov. 1758.

I.	I.	I.
Sigmund Christoph, geb. und gest. 1723.	Maria Magdalena, geb. den 24. Merz 1724, starb d. 31. Merz 1764.	Paul Christoph, geb. 1727, d. 31. Dec. ward 1755 Umgeldamtmann, kam 1760 als der Erste seines Geschlechts in den Rath, 1766 ins Rugsamt, wurde 1768 Kriegsrath, 1772 alter Burgermeister, 1774 Appellationsrath und Waldherr, 1786 Deputatus zum Weizenbräuhaus. Gem. Susanna Helena, gebohrne von Fintler auf Braub, geb. d. 26. Dec. 1734, verm. d. 23. Febr. 1756.
I.	I.	
Christoph Wilhelm, geb. u. gestorb. 1726.	Regina Clara, geb. und gest. 1732.	
I.	I.	
Maria Sabina, geb. d. 5. Dec. 1733, starb d. 19. Jun. 1756.	Maria Helena, geb. 1735. d. 4. Dec. starb 1736.	Georg Ernst Christoph, geb. d. 26. Oct. 1756, gest. d. 7. Febr. 1757. Anna Lucia Helena, geb. d. 27. Jul. 1758.
I.		
Maria Catharina, geb. d. 14. Jun. 1738, starb d. 10. Oct. 1761.		Johann Christoph, geb. d. 30. Sept. 1759, ward 1784 Amtmann des Habernumgelds, starb d. 4. Apr. 1785. Christoph Andreas, geb. d. 10. Febr. 1763, starb d. 21. Jun. d. J.

Einzelne Bemerkungen und Verbesserungen.

Zu Biedermanns Tab. LXXXVI. A.

Johann Christoph Gugel, ward 1618 Amtmann im Leyhhauß, und starb 1632 d. 2. Nov.

Maria Helena Guglin starb nicht in der Jugend, sondern 1670 d. 7. Oct.

Gem. Georg Christoph Behaim, vorderster Losunger und Reichsschultheiß, geb. 1599 d. 4. Merz, verm. d. 18. Jul. 1634, starb d. 31. Aug. 1676.

Zu Tab. LXXXVII. A.

Christoph Paul Gugel auf Röthenbach, geb. (nicht 1570, sondern) 1572, starb d. 27. Dec. 1617 zu Röthenbach in der Obern Pfalz.

Anna Rosina Guglin, vermählte Kastnerin von Schnaittenbach, starb d. 5. Mait 1665 zu Reichenschwand, allwo sie auch begraben liegt.

Zu Tab. LXXXVIII.

Christoph Hier. Gugel hatte zur 2ten Gemahlin Maria Lögelin, verm. d. 5. Aug. 1685. Sie ward eine Mutter von 8 Kindern, die aber all jung starben.

Christoph Friedrich Gugel, war Assessor am Stadt- und Ehegericht, und zeugte 10 Kinder, die alle frühzeitig starben.

Ursula Regina Guglin vermählte sich zum 2tenmal mit Christ. Gottlieb Düllherr von Thummenberg, Stadt und Landpfänder, geb. d. 17. Jul. 1696, verm. 1728 d. 20. Mart, gestorb. den 11. Apr. 1745. Sie verschied als Witwe 1759 d. 29. Sept.

Zu Tab. LXXXIX.

Christoph Andreas Gugel starb d. 14. Apr. 1616, und seine Witwe, Maria Muffelin von Eschenau, d. 1. Aug. 1632.

Sein Sohn, Christoph Gabriel, ward 1631 vom König Gustav Adolph zum Schultheißen zu Neumark verordnet.

Seine Tochter, Maria Barbara, starb nicht unvermählt, sondern verheirathete sich 1608 d. 12. Jul. an Johann Heinrich Hüls von Ratheberg, hies. Rathsconsulenten, geb. d. 19. Jun. 1581, gest. den 16. Jul. 1649. Sie starb 1624.

Fortgesetztes Geschlechtsregister der Herren Grundherrn von Altenthann.

s. Biedermann Tab. LXX.

Leonhard Grundherr von Altenthann auf Weyerhauß und Gauksmühl, geb. 1705 d. 3. Oct. ward Assessor am Land- und Bauerngericht 1733, am Untergericht 1738, am Stadtgericht 1744, Waldamtmanns Adjunct 1757, wirklicher Oberamtmann des Walds S.baldi 1761, kam in Rath als jüngerer Bürgermeister 1764, ward Scholarch 1776, Senior seines Geschlechts 1771, starb d. 25. Jan. 1776.
Gem. Eleonora Regina, Christoph Elias Oelhafen von Schöllenbach und Eismansberg, Pflegers zu Altdorf, und Anna Maria Gewandschneiderin, Tochter, geb. 1714. d. 14. Jan. verm. 1731 d. 18. Sept. starb 1759 d. 30. Junii.

Leonhard, geb. d. 18. Jul. 1732, starb d. 1. Jun. 1758.	Anna Maria, geb. 1731 d. 29. Nov. starb 1774. d. 14. Apr. Gem. Paul Wilhelm Ebner von Eschenbach, Assessor am Stadtgericht, geb. 1733 d. 12. Merz, verm. 1761 d. 16. Febr.	Johann Leonhard, geb. 1738 d. 15. Sept. starb 1739 den 17. Januar.
Barbara Helena, geb. 1745 d. 12. Dec. als Zwilling, starb den Tag hernach.	Anna Catharina, geb. 1745 d. 12. Dec. als Zwilling, starb am folgenden Tag.	

Bemerkungen zur 69. Tabelle im Biedermann.

Anna Maria Grundherrin, geb. Welserin von Neunhof, starb 1749 den 31. Oct.
Anna Maria Grundherrin, vermählte Fürerin, starb 1761 d. 30. Dec.
Ihr Gem. Christoph Sigm. Fürer v. Haimendorf, starb 1767 d. 31. Maii.
Barbara Maria Grundherrin, vermählt an Jakob Wilhelm Winkler von Mohrenfeld ꝛc. starb 1768 den 30. Jun.

Fortgesetztes Geschlechtsregister der Herren Grundherrn von Altenthann.

s. Biedermann Tab. LXXIV.

Carl Alexander Grundherr von Altenthann auf Weierhauß u. Gauckemühl, geb. 1705 d. 10. Merz, ward Senator und junger Burgermeister 1761, Rugsherr 1766, starb d. 28. Merz 1771.
Gemahlin: Maria Barb. Winterin von Mohrenfels, geb. 1712 d. 8. Jan. verm. 1731 d. 12. Jun. starb den 3. Apr. 1764.

Anna Maria, geb. 1732 d. 8. Apr. Gem. Christoph Wilh. Waldstromer v. Reicheldorf, Septemvir und Scholarch, geb. 1729 d. 15. Jun. verm. 1754 d. 26. Nov.	Carl Gottfried, geb. den 30. Sept. 1733, seit 1765 Losungrath. Gem. 1) Maria Helena Stromerin von Reichenbach, geb. 1739 den 11. Febr. verm. d. 7. Mail 1765, starb 1777 d. 16. Apr. 2) Catharina Friderica Jacobina, verwittibte Löffelholzin von Colberg, gebohrne von Eyb, geb. 1736 d. 11. April, verm. 1784 d. 19. Nov. Seine Nachkommen f. neben.
Anna Catharina, geb. 1734 d. 28. Aug. Gem. Carl Gottlieb Gustav Fürer von Haimendorf, Amtmann im Leibhauß, geb. 1729 d. 19. Apr. verm. 1779 d. 7. Dec.	Johann Carl, geb. 1736 den 6. Febr. starb den 6. Merz d. J. Christoph Carl, geb. 1737 d. 26. Jan. seit 1783 Kastenamtspfleger zu Hersbruck. Gem. Maria Magd. Sara Munkerin von Siechendorf, geb. 1743 d. 1. Jul. verm. 1765 d. 24 Sept. Seine Nachkommen f. neb. n.
Selena Catharina, geb. 1738 d. 27. Jul. Amalia Eleonora, geb. 1739 d. 12. Dec. starb 1744 d. 25. Febr.	Johann Christoph Carl, geb. 1741 d. 25. Jul. starb 1746 d. 4. Jul. Jacob Gottlieb Carl, geb. 1742 d. 8. Nov. starb 1743 d. 18. Merz.
Jacobina Susanna, geb. 1744 d. 19. Febr. starb d. 5. Nov. d. J. Anna Helena, geb. 1745 den 19. Aug.	Christoph Jacob Carl, geb. 1747 den 21. Mai, starb 1748 d. 20. Sept. Jacob Carl, geb. 1749 d. 19. Sept. trat in des Fränk. Kreißes Kriegsdienste 1763, ward Fähndrich 1771, Second Lieutenant 1773, Premier-Lieutenant 1782.

Carl Gottfried Grundherr, geb. 1733 d. 30. Sept. ward Losungraths Adjunct 1765, wirklicher dritter Losungraths c. v. zweiter 1786.
 Vem. 1) Maria Helena, Christoph Friedrich Stromers von Reichenbach, des ältern geheimen Raths, Reichsschultheißen u. vordersten Losungers, u. Helena Catharina Scheurlin von Defersdorf, Tochter, geb. 1739 d. 11. Febr. verm. 1765 d. 7. Maii, starb d. 16. Apr. 1777.
 2) Catharina Friderica Jacobina, Job. Wilh. Paul Särtholz von Colberg, Majors u. Commendanten der Vestung Lichtenau, Witwe, gebohrne Lob von Bestenberg, geb. 1736 d. 11. Apr. verm. 1784 d. 19. Nov.

Christoph Friedrich Carl, gebohr. 1767 d. 19. Febr.

Carl Alexander, geb. 1768 d. 31. Maii, seit 1782 Cadet bey dem Fränkischen General von Treskowischen Regiment.

Hanns Carl, geb. d. 29. Merz 1770, starb den 31. Merz d. J.

Georg Christoph Carl, geb. 1771 d. 14. Jul.

Anna Catharina Maria, geb. 1774 d. 8. Oct.

Christoph Carl Gottfried, geb. 1777 d. 30. Merz.

Christoph Carl Grundherr, geb. 1737 d. 26. Jan. trat in des Fränk. Kreises Kriegsdienste 1750 d. 28. Aug. ward Fähndrich d. 14. Aug. 1756, Lieutenant d. 3. Jun. 1757, quittir.e als Hauptmann 1766 d. 10. Apr. u. ward sogleich Assessor im Land- u. Bauerngericht, 1767 im Untergericht, und Präses 1770, Pfleger zu Reicheneck 1771 d. 26. Merz, Kastenamts Pfleger zu Hertzruck d. 8. Merz 1783.
 Gem. Maria Magd. Sara, Balth. Sebastian Munkers von Glockenhof, hieß. Consiliarii, Tochter, geb. 1743 den 1. Jul. verm. 1765 d. 24. Sept.

Sara Johanna, geb. 1767 d. 23. Jan. starb d. 18. Jul. 1768.

Anna Maria, geb. d. 24. Febr. 1768, starb 1769 den 21. Febr.

Eva Sophia Maria, geb. 1770 d. 1. Merz.

Marg. Felicitas, geb. 1771 d. 9. Maii, starb 1779 d. 23. Jul.

Barb. Johanna, geb. 1772 d. 12. Aug. starb 1774 d. 14. Merz.

Carl Gottfried, geb. 1774 d. 8. Apr.

Georg Christoph Carl, geb. 1777 d. 11. Jan.

Jac. Wilh. Carl, geb. 1779 d. 19. Jan. starb 1783 den 30. Merz.

Maria Anna Carolina, geb. 1781 d. 4. Maii.

Carl Gottlieb Gustav, geb. d. 2. Jun. u. gest. den 4. Aug. 1782.

Helena Catharina, geb. 1783 d. 21. Dec.

Bemerkung zur 74sten Tabelle im Biedermann.

Carl Gottlieb Grundherr, Dragonerhauptmann, starb 1753 d. 23. Sept.
Jacob Carl Grundherrs Witwe, geb. Prüllerin von Schoppershof, starb 1758 d. 25. Nov.

Fortgesetztes Geschlechtsregister der Herren Grundherrn von Altenthann.

f. Biedermanns Geschlechtsregister des Nürnberg. Patriciats. Tab. LXXVI.

Carl Christoph Grundherr, geb. 1709 d. 24. Jun. ward Umgeldsammann 1739, starb 1761 d. 26. Apr. Gem. Maria Regina, Wolf Friedrich Kreß v. Kressenstein und Maria Sabina Fürerin von Haimendorf, Tochter, geb. 1716 d. 30. Aug. verm. 1737 d. 29. Oct. starb 1781 d. 8. Merz.

Maria Hedwig, geb. 1738 den 19. Jul.	Carl Gottfried, geb. 1740 d. 27. Merz, starb d. 8. Apr. 1761.	Johann Carl, geb. 1742 d. 25. Jan. trat in des Fränk. Kreises Kriegsdienste 1756, ward Fähndrich 1759, Second Lieutenant 1763, starb 1769 d. 10. Sept.
Jacob Carl, geb. 1745 den 27 Jun. starb d. 8. Jul. d. J.	Anna Catharina, geb. 1746 d. 1. Dec. starb 1749 den 9. Jun.	Maria Sabina, geb. 1749 d. 12. Merz.	Carl Alexander, geb. 1752 d. 18. Jun. trat in des Fränk. Kreises Kriegsdienste 1764, ward Fähndrich 1775, Second Lieutenant 1778.	Clara Sophia Leonora, geb. 1755 d. 20. Febr.

Fortgesetztes Geschlechtsregister der Herren Grundherrn von Altenthann.

f. Biedermanns Geschlechtsregister des Nürnbergischen Patriciats. Tab. LXXVIII.

Johann Carl Grundherr, geb. 1690 d. 4. Aug. ward Senator 1730, Kriegsobrist 1752, starb 1760 d. 18. Jun.
 Gem. 1) Susanna Maria im Hof, geb. 1703, verm. 1724 d. 10. Aug. starb 1735 d. 6. Apr.
 2) Anna Helena Carlin, Joh. Sebast. Löffelholz von Colberg Wittwe, verm. 1739 d. 12. Maii, starb 1757 d. 15. Apr.

Christoph Carl, geb. 1729 d. 16. Jul. ward Assessor am Laub- und Bauerngericht 1759, am Untergericht 1762, am Stadt- u. Ehegericht 1765, starb d. 21. Maii 1775. Gem. Anna Maria, Christoph Carl Kreß v. Kressenstein, Pflegers zu Engelthal, u. Maria Philippina Volkamerin von Kirchensittenbach, Tochter, geb. 1733 d. 19. Maii, verm. 1758 d. 7. Nov. starb 1768 d. 21. Nov.	Eleonora Maria, geb. 1731 d. 13. Dec.	Maria Sabina, geb. 1733 den 29. Jan.

Gottlieb Christoph Carl, geb. 1760 den 7. Jul.	Anna Maria, geb. d. 9. Aug. 1761. Gem. Carl Alexander Waldstromer v. Reichelsdorf, Assessor am Untergericht, geb. 1757 d. 30. Jan. verm. 1784 d. 16. Nov.	Christoph Carl, geb. 1763 d. 9. Merz.

Johann Carl Burkhard, geb. 1764 d. 31. Maii.   Sigmund Christoph Carl, geb. 1767 d. 21. Aug.

Fortgesetztes Geschlechtsregister der Herren Grundherrn von Altenthann.

f. Biedermanns Geschlechtsregister des Nürnbergischen Patriciats Tab. LXXX.

Christoph Carl Grundherr, geb. 1727 d. 27. Merz, kam immediate als Assessor ins Unter- zugleich auch in das Land- und Bauerngericht 1752, ward Präses im erstern 1756, Assessor im Stadtgericht 1761, Pfleger des neuen Spitals u. Klosters St. Catharina 1761, kam in den Rath als Alter Genannter 1771, ward junger Burgermeister 1772, Baumeister Adjunct 1777, Rugsherr 1781, wieder Alter Genannter und wirklicher Baumeister 1783, der Familie Senior 1786.
   Gem. Maria Barbara, Christoph Gottlieb Scheurl von Defersdorf, Senators, u. Maria Barbara Löffelholzin v. Colberg, Tochter, geb. 1728 d. 10. Jun. verm. 1752 d. 2. Mail.

Carl Sigmund Christoph, geb. 1753 d. 29. Apr. starb 1754 d. 27. Merz.

Christoph Carl Gottlieb, geb. 1754 d. 1. Jul. ward Assessor am Land- und Bauerngericht 1777, am Untergericht 1780, am Stadtgericht 1785, kam in Rath als junger Burgermeister 1786.
   Gem. Helena Catharina, Hans Joachim Wilhelm Scheurl, von Defersdorf, Stadt- u. Bannrichters, u. Helena Susanna Löffelholzin v. Colberg, Tochter, geb. 1756 d. 25. Merz, verm. 1777 d. 22. Jul.

Maria Barbara, geb. 1756 den 3. Jun. als Zwilling, starb den 9. Merz 1757.

Anna Regina, geb. 1756 d. 3. Jun. als Zwilling. Lieutenant, geb. 1754 d. 29. Sept. verm. d. 26. Jul. 1786.

Christoph Carl Sigmund, geb. 1759 d. 31. Merz, starb d. 12. Mali d. J.

Carl Christoph Wilhelm, geb. 1761 d. 10. Jun. starb d. 20. Dec. 1785.
   Gem. Helena Jacobina, Hans Joachim Scheurls v. Defersdorf, u. Helena Susanna Löffelholzin v. Colberg, Tochter, geb. 1758 d. 6. Nov. verm. 1785 d. 6. Dec.

Paul Carl Sigmund, geb. 1765 den 31. Jul. als Zwilling, starb den 1. Aug. d. J.

Maria Barbara, geb. 1765 d. 31. Jul. als Zwilling, starb 1765 d. 19. Aug.

Einzelne Bemerkungen zur 80. Tabelle im Biedermann.

Carl Sigmund Grundherr, ward Septemvir 1750, dritter Obrist Hauptmann 1752, kaif wirkl Rath, Kronhüter u. Verwahrer der Reichskleinodien u. 2ter Obrist Hauptmann 1755, vorderster Losunger, Scultheiß u. Pfleger der Reichsveste, auch des neuen Spitals u. des Catharinenklosters Oberpfleger 1758, der Familie Senior 1760, starb 1763 d. 21. April. Seine Wittwe, Sabina Regina von Pömer, starb 1778 d. 21. Jan.
   Carl Ferdinand Grundherr, geb. 1696 d. 4. Oct. starb 1774 d. 5. Dec.

K

Fortgesetztes Geschlechtregister der Herren Grundherrn von Altenthann.
s. Biedermann LXXXII.

Joachim Sigmund Grundherr, geb. 1709 d. 9. Dec. ward Pfleger zu Hohenstein 1743, zu Reicheneck 1746, zu Lauf 1750, starb 1775 d. 27. Mai.

Gem. Sara Johanna Sabina, Joh. Simon Wilke von Bißlohe, u. Maria Sabina Veneranda Amtmännin von der Heyden, Tochter, geb. 1720 d. 12. Jun. verm. 1737 d. 9. Dec. starb 1776 d. 6. Dec.

Franz Christoph Carl, geb. 1738 d. 21. Sept. ward Amtmann im Leyhhauß 1768, lebte bis 1784 d. 14. Oct.

Sara Johanna Sabina, geb. 1740 d. 1. Jan. Gem. Johann Wilh. Christoph Carl Oelhafen von Neuhof u. Schöllenbach, Premier-Lieutenant vom Hochfürstl. Anspach. Jägercorps, geb. 1735 d. 10. Jul. verm. 1760 d. 8. Jul.

Paul Sigmund Carl, geb. 1741 d. 13. Jan. trat in des Fränk. Kreises Kriegsdienste 1754, ward Fähndrich 1757, Second-Lieutenant 1759, Premier Lieutenant 1771, Hauptmann 1782, starb 1783 d. 28. Mai.

Carl Siegmund Ferdinand, geb. 1742 d. 2. Aug. kam in des Fränk. Kreises Kriegsdienste 1754.

Anna Maria Johanna, geb. 1743 d. 8. Sept.
Gem. Jac. Bernh. Pren, Med. D. verm. 1774 d. 14. Mai.

Catharina Dorothea Johanna, geb. 1745 d. 21. Jun. starb d. 27. Mai 1747.

Jobst Wilhelm Carl, geb. 1754 d. 29. Sept. kam in des Fränk. Kreises Kriegsdienste 1767, gieng mit Kriegsammtl. Erlaubniß 1777 in Hessen Hanauischen Kriegsdiensten nach Amerika, trat nach erfolgtem Frieden 1783 in Kais. Dienste, quittirte selbige 1785, ward 1786 Stadtlieutenant allhier.

Gem. Anna Regina, Christoph Carl Grundherrn v. Altenthann, Senators und Baumeisters, u. Maria Barbara Scheurlin von Defersdorf, Tochter, geb. 1756 d. 3. Jun. verm. 1786 d. 26. Jul.

Maria Wilhelmina Veronica Johanna, geb. 1756 d. 9. Merz.

Bemerkung zur 82. Tabelle im Biedermann.

Paul Sigmund Grundherr ward Obristwachtmeister, auch Pfleger und Commendant zu Lichtenau 1754, Obristlieutenant 1760, Obrist 1764, starb 1775 d. 27. Mai.

Fortgesetztes Geschlechtsregister der Herren Holzschuber von Harrlach.

Sigmund Eliasische, und daraus entsprungene, nun aber erloschene Johann Sigmundische Linie von Harrlach und Thalheim.

f. Biedermann CLXXXV.

Carl Sigmund Elias Holzschuber, geb. 1713 den 2. Febr. ward 1743 Assessor am Land- und Bauerngericht, 1748 Accessist cum voto am Untergericht, 1749 wirklicher Assessor desselben, 1752 am Stadt- und Ehegericht, und starb d. 21. Oct. 1755.

Gem. Helena Catharina, Hans Friedrich Löffelholz von Colberg, Wag- und Zoll-Amtmanns, und Maria Catharina von Im Hof, Tochter, geb. d. 14. Jun. 1713, verm. 1736 d. 12. Jun.

Bemerkungen zur 185sten Biedermännischen Tabelle.

Sigmund Elias Holzschuber von Neuenbürg und Thalheim, geb. 1647 d. 1. Febr. ward 1678 Amtmann des Haber-Umgelds, 1682 Assessor am Land- und Bauerngericht, 1693 Pfleger der Klöster St. Claren und Pillenreuth, 1689 Losungrath, 1707 Senator und Alter Genannter, und starb 1709 d. 20. Sept.

Bey dem Vater seiner Gemahlin ist Kempenhof mit Kenzenhof auszutauschen.

Seine Tochter Anna Maria ist nicht den 27. sondern den 28. Mall gebohren. Sie starb d. 26. Febr. 1753.

Maria Helena, Joh. Friedrich Löffelholzens Wittwe, starb d. 22. Merz 1752.

Maria Christina Holzschuber starb d. 15. Jun. 1770.

Anna Rosina Holzschuber, starb d. 30. Jun. 1766. Sie ward gebohren nicht d. 30. April, sondern den 1. Mall.

Fortgesetztes Geschlechtsregister der Herren Holzschuher von Harrlach.

Sigmund Eliasische und daraus entsprungene Carl Sigmundische Linie von Harrlach und Thalheim.

f. Biedermann Tab. CLXXXVII.

Carl Sigmund Holzschuher, geb. 1687 d. 15. Jun. ward 1742 Senator und Alter Genannter, 1744 jünger Burgermeister, 1750 d. 20. Apr. Rugsherr, 1752 d. 14. Febr. Kriegsrath, d. 11. Jul. alter Burgermeister u. d. 19. Dec. Wald- und Appellations Gerichtsherr, 1756 d. 24. Merz Septemvir, auch Zeug- u. Banko Herr, 1760 Kriegsobrist. A. 1744 d. 5. Merz wurde er Aeltester seines Geschlechts, und bekam dessen Stiftungen zur Administration, acquirirte auch im Namen desselben das frey lauter eigne, dem Canton am Steigerwald incorporirte Rittergut Westenbergsgereuth, u. starb 1760 d. 24. Jul.
  Seine 2te Gemahlin, Susanna Helena Behaimin von Schwarzbach, starb 1776 d. 10. Nov.

Johann Carl Sigmund Elias, geb. d. 21. Sept. 1717, Amtmann des Umgelds d. 27. Nov. 1744, Pfleger der beiden Klöster St. Claren und Pillenreuth d. 23. Jul. 1755, starb d. 8. Nov. 1783.
  Gem. Maria Helena, Joh. Paul Tuchers von Simmelsdorf, Senators, u. Maria Helena Pellerin von Scheppershof, Tochter, geb. d. 2. Sept. 1722, verm. d. 4. Oct. 1740.

Christoph Sigmund, geb. 1729 d. 30 Nov. ward Amtmann in der untern Waag 1760, starb d. 12. Oct. 1779.
  Rosina Helena, geb. 1731 d. 17. Jan. Maria Margaretha Magdalena, geb. 1737 d. 21. Jul.

Susanna Helena Margaretha, geb. d. 12. Jul. 1741.
  Gem. Friedrich Martin von Endter, Assessor am Stadt- und Ehe-Gericht, auch Amtmann auf der Stadt Burgfried, geb. d. 21. Jul. 1737, verm. d. 16. Merz 1762, starb den 24. Merz 1776.

Johann Carl Sigmund, geb. d. 21. Sept. 1742, starb d. 11. Febr. 1747.

Sigmund Elias, geb. 1744 d. 26. Febr. Von ihm siehe die folgende Tab.

Anna Maria, geb. d. 18. Apr. 1745, starb den 6. Jun. 1746.

Christ. Carl Sigmund Gabriel, geb. den 24. Merz 1748, starb den 13. Apr. d. J.

Johann Carl Sigmund, geb. 1749, d. 5. Oct. Von ihm s. die folgende Tabell.

Susanna Regina, geb. 1751 d. 3. Jan.
  Gem. Carl Johann Sigm. Holzschuher von Harrlach, Losungrath, geb. 1754 d. 24. Jun. verm. d. 19. Nov. 1776.

Helena Maria, geb. 1753 d. 17. Apr.
  Gem. Christoph Jacob Wilh. Waldstromer von Reichelsdorf, Cassier im Leyhaus, geb. d. 23. Dec. 1755, verm. d. 20. Merz 1781.

Christoph Sigmund Carl, geb. d. 2. Sept. 1757, starb d. 21. hernach.

Sophia Maria Clara, geb. d. 10. Febr. 1760, starb d. 29. Apr. 1765.

Sigmund Elias Holzschuher von Harrlach, geb. d. 20. Febr. 1744, Assessor am Land und Bauerngericht 1767, am Untergericht 1770, Pfleger des Stadtalmos-Amts d. 26. Jun. 1772.
   Gem. 1. Susanna Regina Helena, Christoph Carl Joseph Volkamers von Kirchensittenbach, Senators u. Baumeisters, u. Helena Maria Lucherin von Simmelsdorf, Tochter, geb. d. 11. Jul. 1744, verm. d. 15. Sept. 1767, starb d. 12. Jan. 1769.
   2. Maria Sabina, Paul Carl Welsers von Neunhof, Septemvirs, Kirchenpflegers u. a. m. und Maria Clara Scheurlin von Defersdorf, Tochter, geb. d. 23. Apr. 1749, verm. d. 15. Mail 1770.

Johann Carl Sigmund Holzschuher, geb. d. 5. Oct. 1749, Assessor am Land- und Bauerngericht 1774, am Untergericht 1776, am Stadt und Ebegericht 1779.
   Gem. Sophia Maria, Balthasar Christoph Kreß von Kressenstein, Senators und Rugsherrn, und Maria Magdalena, gebohrnen Kressin, Tochter, geb. d. 1. Febr. 1756, verm. d. 15. Mail 1775.

1.	2.
Johann Carl Sigmund, geb. d. 26. Dec. 1768.	Carl Sigmund, geb. d. 27. Febr. 1771, starb den 31. Oct. 1775.

2.
Christoph Carl Sigmund, geb. d. 1. Aug. 1772, starb d. 12. Merz 1773.

Johann Carl Sig: mund, geb. d. 18. Febr. 1776.	Rudolph Christoph Carl Sigmund, geb. d. 22. Jan. 1777.

Christoph Carl Sigmund, geb. d. 18. Jan. 1785, starb d. 27. Febr. d. J.

Bemerkungen zur 187 Biedermännischen Tabelle.

Carl Sigmund Holzschuhers, 9tes Kind, Sigmund Elias, ist nicht aus der 2ten Ehe entsprossen, muß also statt 2 mit 1 umgebessert werden.
Eben desselben Sohn, Sigmund Friedrich, starb nicht d. 18. sondern d. 28. Febr. 1729.
Maria Hedwig ist nicht am 2ten, sondern am 3ten April gebohren.
Seine 2te Gemahlin, Susanna Helena war nicht, wie Biedermann angiebt, den 8. sondern d. 9. Febr. 1700 gebohren.

Fortgesetztes Geschlechtsregister der Herren Holzschuher von Harrlach.

Sigmund Eliasische und daraus entsprungene Wolfgang Sigmundische Linie von Harrlach und Thalheim.

s. Biedermann Tab. CLXXXIX.

Wolfgang Sigmund Holzschuher von Harrlach ꝛc. geb. 1695 d. 11. Jul. ward 1744 Senator u. Alter Genannter, 1746 Burgermeister, 1752 Scholarch, Oberalmoseneger u. a. m. starb 1752 d. 23. Mail.
Seine Gemahlin, Maria Helena Tucherin von Simmelsdorf, starb d. 5. Jun. 1758.

Johann Sigmund, geb. 1727 d. 15. Sept. ward Assessor am Land. u. Bauerngericht 1753, am Untergericht 1754, starb d. 15. Apr. 1759.
Gem. Regina Helena Charlotte, Johann Joachim Rützel von Sündersbühl, u. Elisabetha Charlotte Geuderin, genannt Rabensteinerin, Tochter, geb. d. 27. Sept. 1733, verm. d. 27. Merz 1753, starb d. 7. Jul. 1759.

Maria Magdalena, geb. 1730 d. 22. Nov. starb d. 2. Aug. 1778.

Carl Johann Sigmund, geb. d. 23. Jun. 1754, Assessor am Land. u. Bauerngericht 1777, am Untergericht 1779, des Fränkischen Kreises Cassier 1784, Losungsrath d. 22. Mai 1786.
Gem. Susanna Regina, Joh. Carl Sigm. Holzschuhers von Harrlach, Pflegers der Klöster St. Klaren u. Pillenreuth, u. Maria Helena Tucherin von Simmelsdorf, Tochter, geb. 1751 d. 3. Jan. verm. d. 19. Nov. 1776.

Jobst Wilhelm Sigmund, geb. d. 16. Dec. 1755, starb d. 17. Aug. 1763.
Sigmund Christoph Wolfgang, geb. den 18. Jan. 1758, starb d. 12. Nov. 1760.
Barbara Helena Charlotta, geb. d. 29. Mail 1759, starb d. 5. Sept. d. J.

Maria Helena Carolina, geb. d. 30. Jan. 1778, starb d. 2. Febr. d. J.
Christoph Wilh. Friedrich Sigmund, geb. d. 16. Febr. 1784, starb d. 8. Merz d. J.

Maria Salome Caroline, geb. d. 3. Jan. 1779.

Johann Carl Sigmund, geb. u. gestorben d. 7. Jan. 1782.
Sigmund Elias, geb. d. 28. Jun. starb d. 17. Jul. d. J.

Fortgesetztes Geschlechtsregister der Herren Holzschuher von Harrlach.

Sigmund Gabrielische und daraus entsprungene Christoph Sigmundische Linie.

f. Biedermann Tab. CXCII.

Johann Sigmund Holzschuher von Harrlach, geb. d. 2. Sept. 1706. Herzogl. Sachs. Gothaischer Obristlieutenant, starb d. 20. Jul. 1771.
Gem. Christiana Theres. Sophia, Valent. Paul von Sternbeck, Gräfl. Schönburg. Hofraths, Tochter, verm. d. 30. Jul. 1737, starb d. 25. Merz 1786.

Carl Christ. Sigmund, geb. 1738 d. 10. Jun. starb 1740 d. 4. Maii.

Heinrich Sebast. Sigmund, geb. den 8. Maii 1743, Kön. Preuß. Hauptmann.
Gem. 1. Krider. Soph. Carolina, Fridr. Heinr. von Sternberg, Kur Mainz. Regierungsraths zu Erfurt u. Amtmanns zu Gispersleben, u. Soph. Doroth. Friderika von Posner auf Wulfershausen, Tochter, geb. d. 19. Merz 1745, verm. d. 29. Jul. 1773, starb d. 25. Merz 1783.
2. Luise Soph. Heinr. Albertine, Georg Ewald von Kamele auf Sommern, Kön. Preuß. Hauptmanns, u. Maria Henriette von Cörnitz, Tochter, geb. 1755, verm. d. 30. Nov. 1783.

Magdal. Frid. Sophia, geb. 1740 d. 20. Jan. st. d. 10. Maii 1742.

Sophia Friedr. Wilhelmine, geb. 1747 d. 23. Apr.
Gem. August Gottfried Christian Eiterschlag, Fürstl. Hohenloh-Neuenstein. Canzley u. Consistorialrath, geb. d. 19. Nov. 1738, verm. d. 21. Oct. 1767.

Gottfried Ernst Sigmund, geb. d. 1. Febr. 1750, Kön. Preuß. Lieutenant u. Adjutant.
Anna Juliana Carolina, geb. d. 23. Aug. 1753, starb d. 11. Oct. 1757.

1.
Josepha Carol. Victoria Friderika, geb. d. 21. Jun. 1774, st. d. 2. Aug. 1779.

1.
Ernst Franz Leop. Sigmund, geb. als Zwilling d. 27. Nov. 1775.

1.
Charlotte Wilh. Christiana, geb. als Zwilling d. 27. Nov. 1775, starb d. 19. Jul. 1779.

1.
Wilhelm. Luise Henriette, geb. d. 15. Maii 1779, starb d. 12. Apr. 1780.

1.
Johanna Carol. Christ. Henriette, geb. d. 26. Apr. 1780.

1.
Wilh. Carol. Friderika, geb. d. 24. Sept. 1781, st. d. 22 Dec. 1781.

1.
Wilh. Henriette, geb. d. 26. Oct. 1784.

2.
Carol. Wilh. Charl. Sophia, geb. d. 13. Merz 1786.

Einzelne Bemerkungen zur 192. Biedermännischen Tabelle.

Georg Ernst Sigmund Holzschuher von Aspach auf Harrlach, Sachs. Gothaischer Hauptmann, starb d. 18. Jul. 1764. Seine 2te Gemahlin, Dor. Charlotte von Gerbach, verschied d. 22. Maii 1773.
Seine Schwester, Elisabetha Maria Dorothea, starb d. 28. Apr. 1776.
Maria Juliana Holzschuher, geb. 1715 d. 16. Febr. starb d. 4. Nov. 1757.
Sophia Clara Holzschuher soll heissen: Sophia Clara Maria. Sie ist seit 1777 d. 27. Maii vermählt an Georg Casimir Hermann, Fürstl. Hohenlohischen Kammerrath u. Amtmann zu Ohrdruf, der vorhin ihre Schwester, Elisabetha Maria Dorothea, zur Ehe hatte.

L 2

Fortgesetztes Geschlechtsregister der Herren Holzschuher von Harrlach.

Sigmund Gabrielische, nachher Johann Sigmundische, nun Christoph Johann Sigmundische Linie.

f. Biedermann Tab. CXCIII.

Christoph Johann Sigmund Holzschuher von Harrlach, geb. d. 23. Jan. 1730, Assessor am Land- und Bauern-Gericht 1755, am Untergericht 1759, am Stadtgericht 1762, Oberpfleger in Gostenhof 1773, Richter zu Möhrd 1779.
Gem. Maria Salome, Sigmund Pfinzings von Henfenfeld, Senators u. Landpflegers, und Barbara Helena Rüßlin, Tochter, geb. d. 5. Aug. 1732, verm. d. 28. Maii 1754.

Helena Maria, geb. d. 25. Febr. 1755. Gem. Georg Christoph Carl Fürer von Haimendorf, Assessor am Stadtgericht, geb. d. 14. Febr. 1753, verm. d. 14. Jul. 1778.	Anna Lucia Salome, geb. d. 11. Sept. 1756, starb d. 18. Jun. 1760.	Carl Friedrich Sigmund, geb. d. 1. Apr. 1758, starb d. 15. Jun. 1760.
Maria Sabina Wilhelmina, geb. d. 15. Apr. 1764. Gem. Johann Georg Friedrich Volkamer von Kirchensittenbach, Assessor am Untergericht, geb. d. 9. Aug. 1759, verm. d. 30. Jun. 1784.	Christoph Wilhelm Sigmund, geb. den 10. Apr. 1768.	

Bemerkungen zur 193sten Tabelle im Biedermann.

Anna Maria, Joh. Sigm. Holzschubers Gemahlin, war nicht den 8ten, sondern d. 28. Maii 1676 gebohren. Sie starb d. 26. Febr. 1753.
Joh. Sigm. Gabriel Holzschuher war nicht d. 28. sondern d. 22. Merz 1702 gebohren, u. starb d. 12. Sept. 1765. Seine 2te Gemahlin, Anna Lucia Fürerin, war d. 21. Aug. 1711 gebohren, u. starb d. 26. Jun. 1760.
Sigm. Friedrich Holzschuher starb d. 28. Oct. 1749, u. sein Bruder, Ant. Ulr. Sigmund, d. 27. Oct. 1755.
Christoph Sigm. Friedrich war am 26. Junii, nicht Januar, gebohren.
Gottfried Christoph (nicht Christoph Gottfried) Sigmund war nicht d. 5ten, sondern d. 25. Julii gebohren.
Maria Anna, Joh. Sigmund Gabriel Holzschubers, u. Anna Lucia Fürerin Tochter, gebohr. d. 27. Nov. 1748.
Gem. Christoph Wilhelm Kreß von Kreßenstein, Assessor am Stadt- u. Ehegericht, geb. d. 15. Sept. 1735, verm. d. 28. Maii 1766.

Fortgesetztes Geschlechtsregister der Herren Holzschuher von Harrlach
Sigmund Gabrielische u. daraus entsprungene Burkhard Sigmundische Linie.
s. Biedermann Tab. CXCV.

Christoph Carl Sigmund Holzschuher, geb. 1709 d. 27. Jan. ward 1742 Assessor am Land- u. Bauerngericht 1744 am Untergericht, 1744 Pfleger im Landalmosamt, 1761 Senator und junger Burgermeister, 1766 d. 22 Jul. Pfleger beiden Kindeln, 1767 d. 16. Jun. Rugsherr, 1774 d. 2. Merz Scholarch u. Oberalmospfleger, 1776 b. 2. u. 11. Apr. alter Burgermeister, Wald- u. Appellationsherr, d. 27. Febr. eod. a. Geschlechts-Aeltester u. desselben Stiftungen Administrator.

Gem. 1. Maria Magdal. Fürerin, geb. d. 20. Oct. 1720, verm. 1738 d. 8. Jul. starb 1750 d. 18. Oct.
2. Helena Felicitas, Christ. Wilh. Tuchers v. Simmelsdorf u. Maria Felicitas im Hofin Tochter, geb. d. 13. Dec. 1719, verm. d. 22. Febr. 1752, starb d. 17. Febr. 1753.
3. Susanna Maria, Christ. Gottlieb Scheurls v. Defersdorf, u. Maria Barb. Löffelholzin von Colberg Tochter, Joh. Wilh. Ebners von Eschenbach Wittwe, geb. d. 13. Merz 1722, verm. d. 22. Jan. 1754.

1.
Maria Carolina, geb. d. 1. Merz 1741, starb d. 17. Apr. d. J.

Christoph Wilh. Sigmund, geb. d. 7. Mail 1743. st. d. 16. Dec. 1745.

Maria Helena, geb. d. 8. Oct. 1744, st. d. 6. Apr. 1745.

1.
Carl Sigmund, geb. u. gest. d. 1. Jun. 1748.

2.
Johann Wilhelm Sigmund, geb. den 8. Febr. 1753, starb d. 2. Merz d. J.

3.
Christoph Gottlieb Sigmund, geb. d. 13. Apr. 1755, Assessor am Land- u. Bauerngericht 1779, Umgelder d. 13. Merz 1783.
Gem. Cathar. Eleonora, Joh. Sigm. Hallers v. Hallerstein, Septemvirs u. Kriegsraths, u. Maria Hel. Ebnerin v. Eschenbach Tochter, geb. d. 26. Merz 1759, verm. d. 16. Jun. 1778.

Carl Gottlieb Sigmund, geb. d. 19. Nov. 1779, starb den 8. Jun. 1782.

Johann Sigmund, geb. d. 28. Nov. 1780.

1.
Johann Carl Sigmund, geb. d. 4. Apr. 1742, Adiunct im Leibhauß d. 4. Febr. 1771, Beamter daselbst d. 22 Mail 1776, Pfleger des Landalmosamts d. 13. Aug. 1776, starb d. 8. Oct. 1779.

Anna Lucia, geb. d. 22. Merz 1747, starb d. 18. Apr. 1763.

1.
Susanna Maria, geb. d. 26. Merz 1750, st. d. 17. Mail 1772.

3.
Christoph Jac. Sigmund, geb. d. 15. Jan. 1756, starb den 24. Jun. d. J.

3.
Johann Christoph Sigmund, geb. d. 17. Merz 1758.

3.
Helena Catharina, geb. d. 26. Merz 1760.
Gem. Sigm. Christoph Harsdörfer von Enderndorf, Assessor am Stadgericht, verm. d. 14. Dec. 1779.

Friedr. Carl Sigm. geb. d. 12. Oct. 1761, st. d. 4. Oct. 1772.

Maria Lucia, geb. d. 12. Merz 1763, st. d. 9. Apr. 1765.

Joh. Gr. Carl Sigmund, geb. den 11. Jun. 1782.

Carl Joseph Sigm. Rudolph, geb. d. 16. Apr. 1785, starb d. 9. Dec. d. J.

Bemerkungen zur 195. Tabelle im Biedermann.

Burkhard Sigmund Holzschuher ward Pfleger der Landauer. XII Brüderstiftung. Seine Wittwe, Barb. Lucia Fürerin, starb d. 4. Nov. 1763. Seine Tochter, Maria Lucia, geb. 1707 d. 18. Jul. starb d. 14. Mail 1776. Sein Sohn, Carl Christoph Sigmund, ist seid. 27. Aug. 1779 Hauptmann unter dem Fränk. Kreis General-Major von Eschertschen Regiment.

Fortgesetztes Geschlechtsregister der Herren Holzschuher von Harrlach.
Sigmund Jacobische Linie.
f. Biedermann Tab. CXCVII.

Sigmund Friedrich Holzschuher, geb. d. 28. Merz 1717, ward 1751 Assessor am Land- u. Bauerngericht, d. 26. Jun. eben dieses Jahrs Amtmann des Leybhauses, 1776 Senator u. Alter Genannter. Gem. Maria Sophia, Wolf Friedrich Kreß von Kreßenstein, u. Maria Sabina Fürerin von Haimendorf, Tochter, geb. d. 11. Aug. 1719, verm. d. 11. Maii 1745, starb d. 6. Jun. 1769.

    Maria Hedwig, geb. d. 18. Aug. 1746.

Einzelne Bemerkungen zur 197. Biedermännischen Tabelle.

Sigmund Jacob Holzschuher ward 1712 Kastner, u. 1729 Pfleger des Landalmosamts.
Carl Sigmund, dessen Sohn, ward nicht, wie Biedermann sagt, d. 14. April, sondern d. 14. Febr. 1716 gebohren.
Ganz ausgelassen hat Biedermann die Sigmund Jacob Holzschuherische Tochter, Namens Maria Anna, geb. d. 30. Sept. 1728, u. gestorben 1729.
Anna Maria, Sigm. Jac. Holzschubers Tochter, war nicht d. 23. Jul. sondern d. 13. Jul. 1714 gebohren, und starb d. 13. Aug. 1770.
Anna Rosina, eben desselben Tochter, starb d. 25. Aug. 1747.
Seine Witwe, Maria Helena Hallerin, starb d. 9. Apr. 1763.

Fortgesetztes Geschlechtsregister der Herren Holzschuher von Harrlach.

Veit Georg- nachmals Georg Wilhelmische, und nun erloschene Holzschuherische Linie.

s. Biedermann Tab. CCV:

Georg Wilhelm Holzschuher, geb. 1700 d. 28. Sept. ward 1755 Senator und Alter Genannter, 1758 d. 14. Dec. Deputatus zu den Hochzeiten, 1763 d. 30. Aug. Viertelmeister, 1764 d. 4. Maii Pfleger des Siechkobels zu St. Peter u. Paul, 1761 Senior der Familie u. derselben Stiftungen Administrator, starb ohne Kinder 1776 den 11. Febr.
Gem. Maria Sabina Poemerin, geb. d. 27. Febr. 1705, verm. d. 10. Jul. 1731, starb d. 9. Oct. 1773.

Bemerkungen.

Georg Friedrich Holzschuhers Geburtsjahr ist nicht 1689, sondern 1698. Er wurde Stadt- u. Land-Pfänder d. 9. Febr. 1751, und starb ledig d. 7. Apr. 1758.
Helena Friderica Dorothea Holzschuherin, vermähle von Ebner, starb d. 30. Sept. 1772.

Fortgesetztes Geschlechtsregister der Herren Holzschuher von Harrlach.

Veit Hieronymus, nachmals Veit August, nun Veit Carl Holzschuherische Linie.

f. Biedermann Tab. CCVI.

Veit August Holzschuher, geb. 1701 d. 20. Aug. ward Oberpfleger in Gostenhof 1751, Richter in Wöhrd 1763, starb 1760 d. 10. Jul. Seine 2te Gemahlin, Eleon. Soph. Ebnerin, starb d. 5. Jan. 1762.

1.	2.	2.
Anna Helena, geb. d. 1. Nov. 1727. Gem. Georg Christoph Leonh. Kreß von Kreßenstein, Pfleger des Stadtalmosamts, geb. d. 6. Nov. 1725, verm. d. 6. Nov. 1752, starb d. 25. Maii 1761.	Maria Eleonora, geb. d. 7. Sept. 1739. Gem. Johann Ludwig von Pfau, verm. d. 7. Dec. 1780.	Maria Helena, geb. d. 26. Dec. 1741.

2.

Veit Carl, geb. d. 8. Apr. 1744, ward Assessor am Land- u. Bauerngericht 1765, am Untergericht 1767, Pfleger zu Velden d. 8. Jan. 1770.
    Gem. Susanna Helena, Balthasar Christoph Kreß v. Kreßenstein, u. Maria Magdalena, geb. Kreßin, Tochter, geb. d. 20. Nov. 1738. verm. 1764.

Helena Jacobina Maria, geb. den 20. Dec. 1764.	Anna Helena Maria, geb. d. 7. Sept. 1765, starb d. 2. Oct. d. J.	Georg Wilhelm, geb. d. 28. Sept. 1766, starb d. 26. Oct. d. J.	Rudolph Christoph Veit, geb. d. 11. Jan. 1768.
Barbara Helena, geb. d. 1. Febr. 1770, starb d. 6. Maii 1771.	Sophia Dorothea Clara, geb. d. 25. Febr. 1771, starb d. 5. Merz d. J.	Jobst Wilh. Veit Carl, geb. d. 22. Febr. 1774.	
Anton Ulrich Friedrich Veit, geb. d. 9. Maii 1775, starb d. 31. Aug. d. J.	Hedwig Maria Eleonora Carolina, geb. d. 6. Maii 1778.	Christoph Carl Joseph Veit, geb. d. 5. Merz 1780.	

Fortgesetztes Geschlechtsregister der Herren Scheurl von Defersdorf.

s. Biedermann Tab. CCCCXLIX.

Christoph Gottlieb II. Scheurl von Defersdorf auf Morneck, geb. 1693 d. 11. Febr. wurde 1752 des innern Raths und Alter Genannter, und starb d. 5. Aug. 1763.
Gem. Maria Barbara Löffelholzin von Colberg, geb. 1697 d. 20. Nov. verm. 1718. d. 11. Oct. starb den 9. Nov. 1779.

Carl Wilhelm, geb. 1720 d. 30. Nov. Siehe neben.
Gem. Joh. Christoph Fürer v. Haimendorf, Pfleger zu Gräfenberg, geb. 1722 d. 1. Maii, verm. 1747 d. 12. Sept. starb 1770. d. 7. Nov.

Susanna Maria, geb. 1722 d. 13. Merz.
Gem. 1. Johann Wilh. Ebner v. Eschenbach, Assessor am Untergericht, verm. 1741 d. 22. Nov. starb 1751 d. 23. Merz.
2. Christoph Carl Sigm. Holzschuher, Senator, Scholarch u. Rindelpfleger, verm. 1754 d. 22. Jan.

Catharina Helena, geb. 1726 d. 31. Maii, starb d. 5. Jun. 1775.
Maria Barbara, geb. 1728 d. 10. Jun.
Gem. Christoph Carl Grundherr von Altenthann, des innern Raths u. Baumeister, geb. 1727 d. 27. Merz, verm. 1752 d. 2. Maii.

Maria Hedwig, geb. 1724 d. 8. Merz.
Gem. Friedrich Carl Scheurl von Defersdorf, Senator und Kriegsrath, geb. 1723. d. 3. Jul. verm. 1747 d. 17. Oct.

Sabina Regina, geb. 1734 d. 11. Sept. starb 1763 d. 23. Merz.
Gem. Christoph Andreas IV. im Hof von Helmstatt, dermahlen Senator, geb. 1734 d. 3. Jan. verm. 1757 d. 1. Merz.

Fortgesetztes Geschlechtsregister der Herren Scheurl von Defersdorf.

f. Biedermann Tab. CCCCL.

Carl Wilhelm Scheurl von Defersdorf, seit 1754 Pfleger zu Engelthal, geb. 1720 d. 30. Nov. — Gem. Clara Maria Eleonora, Carl Christoph Krey von Kreyenstein, Pflegers zu Engelthal, und Maria Philippina Volkamerin von Kirchensittenbach Tochter geb. 1725 d. 21. Febr. verm. 1744 d. 26. Maii. † 1789. 20 Aug.

Sophia Maria Eleonora, geb. d. 22. Septemb. 1745, starb 1759 den 7. Jan.	Christoph Gottlieb, geb. 1747 d. 18. Maii, seit 1775 Assessor im Stadt- u. Ehegericht. — G. mahlin. Sophia Maria Schaumin von Schwarzbach, geb. 1745 den 18. Febr. verm. 1771 d. 10. Sept.	Cath. Eleon. Dorothea, geb. den 28. Febr. 1749, starb d. 8. Merz d. J.	Maria Anna, geb. d. 1. Jun. 1750. — Gem. Carl Christoph Wilh. Rürer von Haimendorf, geb. d. 15. Dec. 1752, verm. 1780 d. 26. Jul.	

Sophia Maria, geb. 1772 den 28. Maii.	Soph. Cathar. Friderika, geb. den 24. Sept. 1773.	Maria Carol. Salome, geb. u. gest. 1774.	Carl Wilh. Christoph, geb. u. gest. 1775.	Christoph Wilh. geb. 1776 d. 25. Aug.	Friedrich, geb.
Christ. Carl Sigm. geb. 1777 d. 26. Aug. starb d. 30. Merz 1778.	Helena Eleonora, geb. den 27. Sept. 1779.	Helena Sabina, geb. d. 4. Nov. 1780, starb 1782 d. 30. Maii.		Christoph Carl, geb. den 1. Jul. 1782.	Anna Lucia, geb. 1784 d. 7. Jul.

Friedrich Carl Christoph, geb. 1752 d. 21. Jun. seit 1783 Pfleger in Reicheneck. — Gem. Anna Maria Hedwig Kressin v. Kressenstein, geb. 1758 d. 11. Nov. verm. 1779 d. 7. Sept.	Cath. Francisca Helena, geb. 1754. d. 15. Merz.	Jac. Christoph Wilhelm, geb. 1755 d. 12. Maii, seit 1775 in Kur Pfalz-Baier. Diensten, vermahlen Oberlieutenant unter dem Leibregiment.

Anna Mar. Carolina, geb. d. 1. Jul. 1780.	Friedrich Carl, geb. d. 3. Apr. 1783.

Gottlieb Christoph Wilhelm, geb. 1757 d. 8. Dec. seit 1785 Assessor im Untergericht. — Gem. Jacobina Eburein von Eschenbach, geb. 1760 d. 24. Jun. verm. d. 28. Aug. 1781.	Clara Regina, geb. d. 12. Aug. 1759. — Gem. Georg Christoph Oelhafen von Schöllenbach, Pfleger zu Hergenstein, geb. 1748 d. 22. Jan. verm. d. 27. Jun. 1786.	Gottlieb Christ. Heinric, geb. und gest. 1761.

Clara Maria Eleonora, geb. d. 7. Sept. 1782.	Maria Jacob. Wilhelmina, geb. d. 3. Sept. 1785.

Maria Barbara, geb. u. gest. 1762.	Christoph Carl Wilh. geb. u. gest. 1764.	Maria Hedwig, geb. d. 1. Nov. 1765.	Eleonora Maria Clara, geb. u. gest. 1768.

Fortgesetztes Geschlechtsregister der Herren Scheurl von Defersdorf.

s. Biedermann Tab. CCCCLIII.

Johann Carl Scheurl von Defersdorf auf Erlenstegen, Losungrath, geb. 1696 d. 30. Jan. starb 1751 den 3. Oct.
  Gem. Anna Lucia Fürerin von Haimendorf, geb. 1698 den 4. Apr. verm. 1721 den 14. Jan. starb 1751 den 14. Merz.

Friedrich Carl, geb. 1723 d. 3. Jul. ward 1749 Assessor am Land= u. Bauerngericht, 1751 am Untergericht, in eben diesem Jahr Losungraths-Adjunct, 1752 wirklicher Losungrath, 1764 Senator und jüngerer Burgermeister, 1774 Kriegsrath, 1780 älter Burgermeister, 1782 Appellationsrath und Waldherr, auch vorderster Deputirter zum Fränkischen Kreisconvent, 1785 Pfleger der Kirche und des Siechkobels zu St. Jobst. Gem. Maria Hedwig, Christoph Gottlieb II. Scheurls von Defersdorf, Senators, und Maria Barbara Löffelholzin von Colberg, Tochter, geb. 1724 d. 8. Merz, verm. 1747 b. 17. Oct.	Johann Paul Carl, geb. 1728 d. 12. Jun. starb 1750 d. 12. Sept. zu Altdorf, woselbst er ins 4te Jahr den Studien obgelegen.	Georg Sigmund, geb. 1736 den 31. Jul. starb auch zu Altdorf 1756 d. 12. Merz.
Maria Magdalena, geb. 1748 d. 21. Jul. starb 1763 d. 20. Apr.	Maria Hedwig, geb. 1749 d. 21. Sept. Gem. Jakob Wilh. Löffelholz von Colberg, Assessor am Stadt= u. Ehegericht, geb. 1741 d. 17. Maii, verm. 1766 den 14. Oct. starb 1775 d. 11. Oct.	Christoph Carl, geb. 1751 d. 9. Oct. starb in eben diesem Jahr und Monath.

Fortgesetztes Geschlechtsregister der Herren Scheurl von Defersdorf.

f. Biedermann Tab. CCCCLVI.

Christoph Wilhelm III. Scheurl von Defersdorf auf Vorra, Schwarzenbruck und Heuchling, geb. 1679 d. 17 Jul starb als Pfleger zu Lauf 1749 d. 20. Nov. Seine 2te Gemahlin, Maria Helena Tetzlin, vermählt 1743 d. 27. Aug.

1.
Helena Catharina, geb. 1709 d. 1. Febr. starb 1756 d. 17. Apr.
Gem. Christoph Friedrich Stromer von Reichenbach, dermahlen vorderster losung, r. Reichsschultheiß u. a. m. geb. 1713 d. 10. Febr. verm. 1736 d. 26. Oct.

1.
Maria Clara, geb. 1724 d. 26. Nov. starb 1778 d. 30. Merz.
Gem. Paul Carl Welser von Neunhof, dermahlen Septemvir, Kirchenpfleger u. a. m. geb. d. 7. Febr. 1722, verm. 1747 d. 22. Aug.

1.
Jacob Wilhelm, geb. 1719 den 1. Febr.
Von ihm und seinen Nachkommen siehe die folgende Tabelle.

1.
Hans Joachim Wilhelm, geb. 1721. d. 28. Dec. ward Assessor am Land- und Bauerngericht 1751, am Untergericht 1752, am Stadtgericht 1753, Oberpfleger in Gostenhof 1767, Richter zu Wöhrd 1771, Stadt- und Baurichter 1773.
Gem. I. Maria Magdalena, Christoph Carl Küters von Haimendorf, Hauptpflegers in Landalmosenamt, und Anna Maria Tucherin von Simmelsdorf, Tochter, geb. 1717 d. 6. Dec. verm. 1750 d. 10. Nov. starb 1752 d. 24. Merz.
II. Helena Susanna, Georg Wilh. Löffelholz von Colberg, Septemvirs und Oberlandrichters, und Susanna Catharina Löffelholzin von Colberg, Tochter, geb. 1735 d. 9. Jan. verm. 1753 d. 23. Oct.

1.
Christoph Wilhelm, geb. 1752 den 17. Merz, starb d. 28. Apr. d. J.

2.
Catharina Helena, geb. 1754 den 13. Sept.

2.
Helena Catharina, geb. 1756 d. 25. Merz.
Gem. Christoph Carl Gottlieb Grundherr von Altenthann, Senator, geb. 1754 d. 1. Jul. verm. 1777 d. 22. Jul.

2.
Paul Wilhelm, geb. 1757 den 9. Merz, starb d. 29. hernach.

2.
Helena Jacobina, geb. 1758 d. 6. Nov.
Gem. Carl Christoph Joh. Grundherr von Altenthann, geb. 1761 d. 11. Jan. verm. 1785 d. 6. Dec. starb 1795 d. 20. Dec.

2.
Maria Helena, geb. 1760 d. 12. Jul. starb 1762 d. 11. Apr.

2.
Johann Burkhart Wilhelm, geb. 1762 d. 18. Jan. starb d. 1. Aug. d. J.

2.
Christoph Wilhelm, geb. 1763 d. 3. Dec. starb 1764 d. 25. Febr.

2.
Georg Wilhelm, als Zwilling geb. 1767 d. 25. Sept. starb 1768 d. 13. Sept.

2.
Ein todter Sohn, als Zwilling geb. 1767 d. 25. Sept.

53

Jacob Wilhelm Scheurl von Defersdorf auf Vorra, Schwarzenbruck und Heuchling, geb. 1719 d. 1. Febr. ward Pfleger zu Hohenstein 1748 d. 31. Mait, Kastenamtspfleger zu Hersbruck 1754 d. 26. Apr. starb 1782 d. 5. Jan.

Gem. 1. Sabina Regina, Carl Sigm. Grundherr von Altenthann, vordersten Losungers und Reichsschultheissen, und Sabina Regina von Pömer, Tochter, geb. d. 21. Mai, verm. 1752 d. 18. Apr. starb 1758 d. 8. Apr.

2. Maria Barbara Wilhelmina, Jacob Wilhelm Gutzenbach von Reichenschwand, Oberndorf ic. und Helena Maria von Pömer, Tochter, geb. d. 28. Sept. 1734, verm. d. 4. Mai 1762, starb d. 22. Mai 1763.

I.

1.
Sabina Regina, geb. 1753 d. 18. Sept.
Gem. Johann Christoph Gottfried Kreß v. Kressenstein, Assessor am Untergericht, verm. 1778 den 19. Mai.

Helena Catharina, geb. den 13. Nov. 1754, starb d. 2. Jan. 1755.

II.

Carl Jacob Wilhelm, geb. d. 25. Jul. 1756, Assessor am Land- und Bauerngericht seit 1784.
Gem. Maria Magdalena, Hans Joachim Haller von Hallerstein, Assessors am Stadt- und Ehegericht, und Maria Magd: Kreßin von Kressenstein, Tochter, geb. 1753 d. 12. Mai, verm. d. 27. Nov. 1781.

1
Maria Hedwig, geb. und gest. den 4. Apr. 1758.

2.
Jacob Christian Wilhelm, geb. d. 14. Mai 1763, verm. d. 13. Sept. 1785 mit Maria Helena, Georg Christian Haller von Hallerstein, Pflegers der beiden Klöster St. Klaren und Pillenreuth, u. Anna Lucia Kärerin von Haimendorf Tochter, geb. 1765 d. 5. Jan.

Maria Magdalena Karolina, geb. in Hersbruck 1783 d. 25. Febr.
Dorothea Maria Wilhelmine, geb. allda 1785 d. 16. Jun.

S. geb. 7 Aug. 1789.

Maria Barbara Karolina, geb. in Schwarzenbruck 1784 d. 8. Febr.
Karl Jacob Wilhelm, geb. daselbst 1786 den 6. Aug.

Georg Christian Wilhelm, geb. d. 22. Sept. 1786.

Einzelne Bemerkungen zu Tab. CCCCLII.

Frau Maria Magdalena, Christoph Scheurls von Defersdorf, Schwarzenberg. Raths und hiesigen obersten Consiliarii, Witwe, gebohrne von Scheurl, starb 1752 d. 16. Febr.
Frau Anna Maria, Christoph Jacob Stromers von Reichenbach, Senators und Landpflegers, Witwe, gebohrne von Scheurl, starb 1745 d. 23. Jan.

Fortgesetztes Geschlechtsregister der Herren Ebner von Eschenbach.
s. Biedermanns Geschlechtsregister des Nürnbergischen Patriciats. Tab. XXXV.

Aeltere Hauptlinie.

Carl Wilhelm Ebner von Eschenbach, Oberpfleger des Amts Gostenhof, starb 1740 d. 27. Jul.
  Gem. 1. Maria Salome Löffelholzin von Colberg, starb 1720 d. 20. Sept.
     2. Helena Frieder. Dorothea Holzschuherin von Aspach, starb d. 1. Oct. 1772.

___

1.

Maria Hedwig, geb. 1720 d. 14. Sept. starb d. 10. Febr. 1787.
  Gem. 1. Joh. Christoph Oelhafen von Schöllenbach, Assessor am Land- und Bauern-Gericht, verm. 1739 d. 15. Sept. starb 1749 d. 20. Oct.
     2. Johann Christoph Gugel von Diepoltsdorf, Stadt- und Bann-Richter, geb. 1691 d. 20. Jun. verm. 1758 d. 21. Nov. starb d. 5. Merz 1775.

  2.
  Maria Jacobina, geb. 1733 d. 25. Jul.

2.

Helena Sabina, geb. 1730 d. 15. Nov.
  Gem. Gottfried Petz von Lichtenhof, geb. d. 16. Sept. 1730, verm. d. 27. Febr. 1753, gest. 1758 d. 6. Dec. Sie starb zu Gera d. 5. Jan. 1772.

  2.
  Johann Wilhelm, geb. 1738 d. 28. Dec. ward Fähnrich beim Fränk. Kreis Dragoner Regiment 1757, Premier Lieutenant beim Baireuth. Kürassier Regiment 1762, Kapitän bey obgedachtem Dragoner Regiment 1772.

Einzelne Bemerkungen zu Biedermanns Tab. XXXII.

Maria Hedwig, Hans Wilh. jun. Ebners von Eschenbach Tochter, geb. 1716 d. 16. Sept. starb 1779 d. 21. Oct.
Maria Helena, ihre Schwester, geb. 1714 d. 27. Oct. starb d. 2. Sept. 1760.
Helena Catharina, Carl Wilhelm Ebners Tochter, geb. 1738 d. 24. Merz, ward vermählt 1753 d. 21. Mai mit Christoph Gottfried Peßer von Schoppershof, Amtmann in der Obern Waag, geb. 1723 d. 16. Febr. Sie starb 1782 d. 10. Merz.

Fortgesetztes Geschlechtsregister der Herren Ebner von Eschenbach.

s. Biedermann Tab. XXXVII.

Aeltere Hauptlinie A.

Friedrich Wilhelm Ebner von Eschenbach, Pfleger zu Hersbruck, starb 1754 d. 5. Merz. Gem. Anna Maria Grundherrin von Altenthann, starb 1751 d. 10. Jan.

Anna Maria, geb. d. 13. Jun. 1721, starb e. a. den 11. Aug.

Maria Helena, geb. 1724 d. 9. Dec.

Johann Wilhelm, geb. d. 29. Sept. 1727. Von ihm u. seinen Nachkommen s. neben.

Maria Philippine, geb. d. 3. Sept. 1730.

Maria Hedwig, geb. d. 2. Aug. 1722, starb 1727 d. 22. Dec.

Sabina Margaretha, geb. d. 31. Mai 1726, starb im Febr. 1727.

Anna Maria, geb. 1729 d. 20. Apr. verm. 1757 d. 14. Sept. mit Joh. Georg Jacquet.

Gem. Jobst Wilh. Moritz Zürer v. Haimendorf, Unterpfleger in Osthenhof, geb. 1728 d. 9. Sept. verm. 1757 d. 27. Sept. starb 1765 d. 12. Merz.

Georg Friedrich Wilhelm, geb. 1731 d. 4. Dec. starb als Volontär in Nürnberg. Kriegsdiensten 1753 den 13. Jul.

Paul Wilhelm, geb. 1733 d. 12. Merz. Von ihm und s. Kindern s. neben.

Maria Hedwig, geb. 1738 d. 27. Jul.

Johann Sebastian Wilhelm, geb. 1744 d. 22. Apr. kam in hiesige Kriegsdienste als Cadet unter das Fürst von Hohenlohische Kreis-Infant. Regiment d. 25. Jun. 1759, ward Bataillon-Fähnrich unter dem Varellischen Kreis Infant. Regiment 1763, Second-Lieutenant bey dem v. Oelhafischen Regiment 1781, Premier Lieutenant beym Hohenloh. Regiment 1783, Staabs-Capitän bey dem von Pezlischen Regiment 1785, wirklicher Capitän und Inhaber einer Compagnie beym Hohenloh. Regiment eod. anno.

Gem. Susanna Maria, gebohrne von im Hof, geb. 1746 d. 2. Aug. verm. d. 28. Oct. 1780.

Carl Wilhelm, geb. d. 16. Oct. 1723. begab sich 1740 d. 30. Sept. unter eines hochlöbl. Fränk. Kreises von Holzel. Infant. Regiment alhiesigen Stand angehörige v. Grundherrische Compagnie, ward d. 5. Jun. 1745 bey diesem Regiment Fähndrich, 1754 d. 3. Mai Lieutenant bey dem Regiment Zehe, d. 23. eiusd. mensis & a. Pfleger zu Hohenstein, kam 1764 d. 23. Apr. als junger Burgermeister in Rath, ward 1767 d. 24. Sept. Rugsherr, 1774 Rugspraeses, d. 8. Merz ei. anni Viertelmeister, 1776 d. 18. Apr. Pfleger der Landauer. XII Brüderstiftung, d. 30. Jul 1780 Landpfleger, d. 19. Jan. 1782 Deputatus zur Fränk. Kreisversammlung, d. 17. Febr. 1786 alter Burgermeister, d. 18. hernach Deputat. zu den Reichswäldern, dem Appellationsgericht, auch zu dem Getraids Aufschlag-Amt.

Gem. Juliana Barbara, Joh. Martin von Endter und Clara Helena von Finster Tochter, geb. 1736 d. 8. Mai, verm. 1755 d. 8. Apr.

Maria Hedwig, geb. d. 1. Aug. 1734, starb d. 6. Apr. 1736.

Maria Sabina, geb. 1739 d. 18. Oct. starb 1740 d. 26. Merz.

Maria Catharina, geb. 1736. Merz, starb d. 31. Merz 1773.

Catharina Dorothea Maria, geb. den 22. Jul. 1742, starb d. 9. Aug. d. J.

Maria Catharina, geb. 1736 den 5. Merz, starb d. 31. Merz 1773.

Sara Johanna Maria, geb. d. 30. Merz 1747.

Johann Wilhelm Ebner, geb. d. 30. Sept. 1727, ward 1752 Pfleger zu Velden und Hauseck, u. 1769 zu Gräfenberg, 1775 Senator zu Nürnberg, 1786 Rugsherr.

Gem. 1. Regina Clara, Paul Harsdörfers von Enderndorf, Obristlieutenants, u. Clara Sab. Dörrerin von der Untern Burg, Tochter, geb. 1728 den 11. Apr. verm. d. 17. Jul. 1753, starb 1754 d. 22. Sept.

2. Clara Esther, Christ. Jac. Pellers von Schöpersbof, Waganiniannß, und Helena Jacobina Dörrerin von der Untern Burg, Tochter, geb. 1728 den 22. Jan. verm. d. 30. Jun. 1756.

―――――― 1. ――――――

Clara Sabina Wilhelmina, geb. d. 8. Sept. 1754, verm. 1774 d. 1. Maii mit Ernst Friedrich von Egloffstein, Major in Naßau Saarbrück. Diensten, starb zu Egloffstein 1776 d. 9. Oct.

2.

Jacobina Wilhelmina Esther, geb. d. 18. Jul. 1757.

2.

Carl Wilhelm, geb. d. 13. Jul. 1760.

2.

Jobst Wilhelm Johann, geb. 1761 d. 25. Dec. ward 1785 Fähnderich beym Fürst Hohenloh. Ingelfing. Infant. Regiment, und eod. a. Second Lieutenant beym General Major von Petzischen Regiment.

2.

Paul Sigmund Wilhelm, geb. d. 9. Jan. 1766.

2.

Clara Sophia Jacobina Wilhelmina, geb. den 23. Dec. 1770.

Paul Wilhelm Ebner von Eschenbach, geb. d. 12. Merz 1733, seit 1761 Assessor am Land- und Bauern- 1764 am Unter- und 1767 am Stadt- und Ehegericht.

Gem. 1. Anna Maria, Leonh. Grundherrns von Altenthann, Senators u. Scholarchen, und Eleon. Regina Delbasin von Schöllenbach, Tochter, geb. 1734 d. 29. Nov. verm. d. 16. Febr. 1761, starb 1774 d. 16. Apr.

2. Anna Catharina, Georg Wilhelm Löffelholz von Colberg und Gibitzenhof, Septemvirs u. Protoprovincials, und Susanna Catharina, geb. Löffelholzin v. Colberg, Tochter, geb. d. 14. Aug. 1750, verm. d. 2. Maii 1775.

―――――― 1. ――――――

Leonh. Paul Wilh. g. b. 13. Merz 1762, st. d. 2. Sept. 1763.

1.

Anna Cath. Wilh. geb. d. 21. Jun. 1763, st. d. 5. Sept. d. J.

1.

Leonh. Paul Wilh. geb. d. 2. Jul. 1764, st. d. 1. Sept. d. J.

1.

Georg Friedrich Wilhelm, geb. d. 30. Aug. 1764.

1.

Magd. Phil. Wilh. geb. d. 11. Jul. 1769. st. d. 11. Jul. 1773.

1.

Paul Carl Sigm. Wilhelm, geb. d. 29. Sept. 1770, st. d. 11. Merz 1771.

1.

Maria Anna Hedwig, geb. d. 9. Nov. 1771, st. d. 14. Sept. 1776.

2.

Georg Wilhelm, geb. d. 8. Febr. 1776, st. d. 29. Febr. d. J.

2.

Helena Jacob. Catharina, geb. 1776 d. 17. Dec.

2.

Paul Carl Wilhelm, geb. d. 1778 d. 9. Febr. st. d. 19. d. M.

2.

Hel. Cath. Felicit. geb. 1779 d. 7. Merz, st. 1780 d. 5. Jan.

2.

Hel. Sus. Cath. geb. d. 7. Merz 1780, st. d. 28. Sept. 1781.

2.

Helena Clara Catharina, geb. d. 13. Sept. 1781.

2.

Mar. Hel. Cathr. geb. d. 14. Sept. 1783, st. d. 6. Maii 1785.

2.

Christoph Andreas Wilh. geb. d. 16. Aug. 1785.

57

Fortgesetztes Geschlechtsregister der Herren Ebner von Eschenbach.

Aeltere Hauptlinie B.

f. Biedermann Tab. XLII.

Jobst Wilhelm Ebner von Eschenbach, Pfleger der Klöster St. Claren und Pillenreuth, starb 1755 d. 6. Jul.
  Gemahlin. Maria Sophia Rüzlin von Sündersbühl, geb. 1693 d. 11. Febr. verm. 1713 d. 12. Jun. starb 1762 d. 3. Jan.

Eleonora Sophia, geb. 1715 den 12. Dec. starb d. 5. Jan. 1762.
  Gem. Veit August Holzschuber von Aspach, Assessor am Stadt- und Ebegericht, verm. 1738 d. 19. Aug. starb d. 9. Jul. 1766.
Helena Sophia, geb. 1719 d. 31. Jul. starb den 8. Jan. 1764.
Anna Helena, geb. 1720 d. 29. Nov. starb d. 18. Sept. 1766.
Maria Clara, geb. 1728 d. 3. Sept. starb 1757 den 15. Oct.
  Gem. Christoph Carl Kreß von Kreßenstein, Umgeldamtmann, dermahlen Senator und Rugsherr, geb. 1727 d. 16. Merz, verm. 1754 d. 12. Nov.

Jobst Wilhelm, geb. 1717 d. 21. Merz, Senator 1748, Landpfleger 1753, Pfleger der Mendlischen XII Brüderstiftung 1759, starb 1763 d. 20. Mai.
  Gem. 1. Maria Helena Holzschuberin von Aspach, geb. 1724 d. 28. Febr. verm. 1742 d. 26. Jun. gest. 1743 d. 2. Nov.
  2. Helena Eleonora Hallerin von Hallerstein, geb. 1724 d. 26. Aug. verm. 1746 d. 18. Oct.

2.
Maria Jacobina, geb. 1760 d. 24. Jun.
  Gem. Gottlieb Christoph Wilhelm Scheurl von Defersdorf, Assessor des Untergerichts, geb. 1757 d. 3. Dec. verm. d. 28. Aug. 1781.

Fortgesetztes Geschlechtsregister der Herren Ebner von Eschenbach auf Artelshofen.

Jüngere Hauptlinie.

f. Biedermann Tab. XLIV.

Hieronymus Wilhelm Ebner von Eschenbach auf Artelshofen, starb als Duumvir 1752 den 26 Jan. Seine dritte Gemahlin, Maria Jakobina Rüßlin, von Günersbühl, geb. den 4 May 1699. verm. 1716 den 24 Nov. starb als Wittwe 1779 den 24 Oct. Mit Uebergehung 14 in der Jugend verstorbener Kinder sind hier anzuführen.

3.

Johann Karl, geb. den 11 Oct. 1718, seit 1743 Pfleger des Stadtalmosens, 1753 Senator, 1763 Kriegsrath, 1766 Appellations und Waldherr, 1768 Zeug Banco und Münzherr, 1769 Septemvir, 1774 Pfleger des Martha Spitals, starb 1774 den 6 Nov.

Gem. Magdalena Philippina, Albrecht Friedrich von Göldingers, Reichsstadt Ulmischen ersten Herrn Raths Aeltern, des bürgerlichen Almosens und der Stiftsammlung Pflegers, und Veronika, geb. Scharbin von Mittelbibrach Tochter, geb. 1725 den 14 Nov. verm. d. 11 Sept. 1742, starb als Wittwe d. 24 May 1789.

Wilhelm Karl Jakob Ebner von Eschenbach auf Artelshofen, geb. 1757 den 24 Jul. wurde 1781 Assessor am Land- und Bauerngericht, 1785 Assessor am Untergericht, 1766 Assessor am Stadtgericht.

Gem. Sophia Maria Sabina Karolina, Karl Wilhelm von Wöltern, Pfleger zu Altdorf, und Sophia Maria Tucherin von Simmelsdorf Tochter, geb. 1757 den 29 Merz, verm. 1781 den 6 Merz.

Johann Sigmund, geb. den 14 Nov. 1786, starb den 16 d. M.

3.

Johann Wilhelm, starb als Assessor im Untergericht den 23 Merz 1751. Seine Wittwe, Susanna Maria Schwentlin v. Desersdorf, vermählte sich 1754 den 2. Jan. mit Christoph Karl Sigmund Holzschuher v. Aspach, damalen Pfleger des Landalmosen-Amts, jetzt Senator, Scholarchen und Spitalpfleger.

Maria Helena, geb. 1734 den 8 Sept.

Gem. Johann Sigmund Haller v. Hallerstein, Septemvir und Kriegsrath, geb. 1723 den 22 Merz, verm. 1754 den 27 Aug.

3.

Anna Maria, geb. 1736 den 3 Aug. vermählte sich mit Gottlieb Christoph Kreß v. Kressenstein, Oberamtmann des Lorenzer Walds, geb. den 31 Febr. 1781, verm. den 6 Jul. 1756, gest. den 15. Julii 1784.

Fortgesetztes Geschlechtsregister der Herren Tucher von Simmelsdorf.

I. Aeltere Linie.

f. Biedermann Tab. DI.

Georg Stephan Tucher von Simmelsdorf und Winterstein auf Küssenbach und Mayach, Senator und Alter Genannter, Senior der Familie, und der geist- und weltlichen Stiftungen derselben Administrator, geb. den 10. Nov. 1709, starb den 1. Nov. 1756. Gemahlin I. Helena Maria, Hans Christoph Köstelholy von Colberg, und Anna Maria von Kemp auf Ebenreuth, Tochter, geb. den 27. Sept. 1717, verm. den 6. Jul. 1734, starb den 16. Jan. 1752. II. Eleonora Charlotta, Johann Friedrich von der Oelsnitz, und Sophia Perpetua von Wagdorf, Tochter, Carl Christoph Tuchers von Simmelsdorf, Wittwe, verm. den 14. Febr. 1753, starb den 13. Febr. 1783.

1.

Johann Georg, Kurpfälz. wirklicher Hofrath zu München und Regierungsrath der obern Pfalz, des hochf. Brandenb. rothen Adlerordens Großkreuz, der freyen Reichsritterschaft in Franken Mitglied, der Familie Senior, und der gemeinschaftlichen Lehen und Güter, auch geistlichen Stiftungen Administrator, geb. den 19. Apr. 1735.

1.		
Johann Paul, geb. d. 13. u. gest. d. 14. Merz 1736.	Barbara Maria, geb. d. 15 Apr. 1737, starb d. 4. Mai d. J.	Maria Barbara, geb. d. 18. Apr. 1738.
1.	1.	1.
Jacob Friedrich, geb. d. 30. Sept. 1739, starb d. 10. Apr. 1740.	Clara Rosina, geb. d. 13. Nov. 1740, st. d. 31. Jul. 1743.	Christoph Jacob, geb. den 31. Mai 1742, st. d. 18. Jan. 1743.
1.	1.	1.
Carl Gottfried, geb. 1743 d. 22. Nov. starb als Assessor am Stadtgericht d. 27. Jul. 1777. Gem. Sophia Barbara Maria Christiana, Carl Albrecht Christian von Mühlholz auf Kirchenreinbach, und Helena Regina v. Furtenbach auf Reichenschwand, Tochter, geb. d. 21. Febr. 1751, verm. d. 15. Sept. 1767.	Johann Carl, geb. d. 26. Aug. 1745, st. d. 7. Oct. 1745.	Maria Sabina, geb. d. 27. Jul. 1747.
	1.	1.
	Anna Susanna, geb. d. 29. Oct. 1748.	Balth. Christoph, geb. d. 30. Oct. 1749, st. d. 2. Dec. d. J.
	1.	1.
Barbara Carolina Sabina, geb. d. 14. Mai 1770.	Georg Friedrich, geb. d. 31. Oct. 1750, starb als Assessor am Stadtgericht d. 27. Oct. 1785. Gem. Maria Anna Clara, Christoph Grotsr. Pellers von Schorpershof, Soll. u. Waysenamanns der obern Waa, und Helena Cathar. Ehnerin von Eichenbach, Tochter, geb. d. 6. Apr. 1758, verm. d. 10. Aug. 1777.	Christoph Friedrich Stephan, geb. d. 29. Mai 1752, starb d. 7. Mai 1764.

1.	1.	1.	1.
Helena Catharina Wilhelmina, geb. d. 24. Oct. 1778.	Jacob Gottlieb Friedrich, geb. d. 13. Febr. 1780.	Clara Mariana Friderika, geb. d. 13. Jul. 1781.	Sophia Barbara Maria Friderica, geb. d. 24. Mai 1783, st. d. 23. Dec. 1785.

Fortgesetztes Geschlechtsregister der Herren Tucher von Simmelsdorf.
II. Jüngere Linie. A.
f. Biedermann Tab. DXXIV.

Christoph Wilhelm Tucher von Simmelsdorf, ward 1748 alter Bürgermeister und Landpfleger, 1750 Scholarch, starb plötzlich auf dem Rathhauß 1752 den 8. Jan. und ruhet in der Kirche zu Peringersdorf. Seine Gemahlin, Maria Felicitas von im Hof, starb 1749 den 27. Apr. und ruhet eben daselbst.

Helena Felicitas, geb. 1719 d. 13. Dec. starb 1753 d. 17. Febr.
Gem. Christoph Carl Sigmund Holzschuber von Aspach, dermahlen Scholarch und Findelpfleger, verm. 1752 d. 22. Febr. Sie liegt in der Kapelle bey St. Johannis.

Carl Christoph, geb. 1723 d. 1. Nov. starb unvermählt als Senior der Familie zu Peringersdorf 1758 d. 29. Apr. und ist daselbst begraben.

Sophia Maria, geb. 1723 d. 5. Nov. ward 1754 d. 14 Mau an Carl Wilhelm von Wöldern, Pflegern zu Hiltpoltstein, dermahlen zu Altdorf, vermählt, starb an letztern Orte 1773 d. 30. Sept. und ruhet in dasiger Stadtkirche.

Anna Maria, geb. 1727 d. 17. Maii, ward 1764 d. 1. Nov. vermählt mit Georg Friedrich Carl von Stauff auf Untrach und Adlig, Kön. Preuß. Hauptmann, u. starb zu Erlang 1771 d. 21. Dec.

Bemerkung.

Auf Biedermanns Tab. DXXV. sind bey Carl Christoph Tuchers Ahnen die Praunischen Vorfahren ganz irrig angegeben, und müssen so geordnet werden, wie sie in dem durch Herrn Pfleger von Wöldern edirten Praunischen Geschlechtsregister Tab. XIII. aufgestellet werden; da denn die letztere Reihe also verlauten würde:
Stephan Praun — Gemahlin: Ursula Ayrerin von Landseck.
Sigmund Gammersfelder von Solar — Gemahlin: Maria Harsdörferin von Endernsdorf.
Jacob von Pömer, Scholarch — Gemahlin: Barbara Löffelholzin von Colberg.
Paul Fürleger — Gemahlin: Sabina Oertlin von Grünsberg.

. 61

Fortgesetztes Geschlechtsregister der Herren Tucher von Simmelsdorf.

Jüngere Linie B.

f. Biedermann   Tab. DXXVI.

Carl Christoph Tucher von Simmelsdorf, geb. den 5. Jan. 1681, ward 1737 Senator, und starb den 28. Dec. 1742.
Gemahlin I. Maria Magdalena, Johann Moritz Fürers von Haimendorf, und Maria Helena Hallerin von Hallerstein, Tochter, geb. 1684 den 6. Febr. verm. den 24. Oct. 1713, starb den 10. Jul. 1734. II. Eleonora Charlotta, Joh. Friedr. von der Delsnitz, und Sophia Perpetua von Waßdorf, Tochter, geb. 1711 den 24. Merz, verm. den 17. Oct. 1735.

Friedrich Wilhelm Carl, Senator und Landpfleger, auch der Tucherischen Landstiftungsgüter Administrator, geb. d. 12. Aug. 1736.
Gem. Anna Maria, Johann Burkhart Volkamers von Kirchensittenbach, Waldamtmanns, und Maria Anna Behaimin, Freyin von Schwarzbach, Tochter, geb. d. 21. Merz 1738, verm. d. 14. Oct. 1761, starb d. 14. Febr. 1776.

Jobst Christoph, vorderster Untermann des Umgeldamts und der Tucherischen weltlichen Geschlechtsstiftungen Administrator, geb. den 4. Aug. 1738.

Jobst Wilhelm Carl, geb. d. 28. Aug. 1762. Senator ngb. 7 Apr.

Johann Burckhart Carl, geb. d. 3. Oct. 1763, st. d. 7. Merz 1783.

Carl Friedrich, geb. d. 11. Nov. 1764. dermalen Oberlieutenant unter der Kur Sächs. Garde zu Dresden.

Leonora Charlotta, geb. d. 15. Dec. 1765.

Joh. Christoph Carl, geb. d. 25. Febr. 1767, st. d. 4. Oct. d. J.

Christoph Wilhelm Friedrich Carl, geb. d. 13. Jul. 1768. steht als Unterofficier in Kön. Dän. Diensten zu Rensburg.

Johann Christoph Sigm. Carl, geb. d. 22. Sept. 1769, st. d. 10. Jun. 1770.

Christoph Carl Friedrich, geb. d. 19. Apr. 1771, st. d. 22. Nov. 1772.

Clara Maria Sophia, geb. d. 16. Merz 1773.

Susanna Maria, geb. d. 12. Jan. 1775.

Maria Barb. Carolina, geb. d. 12. Febr. 1776 als Zwilling, starb d. 24. Jan. 1777.

Maria Philippina Johanna, geb. d. 12. Febr. 1776, st. d. 13. Jul. 1777.

Q

Fortgesetztes Geschlechtsregister der Herren Fürer von Haimendorf.

s. Biedermann Tab. CCCLXXV.

Anton Ulrich Fürer von Haimendorf auf Wolkersdorf, geb. 1713 den 4. Jun. starb als Assessor im Stadt- und Ehegericht 1765 den 6. Merz.   Gemahlin: Maria Helena Kressin von Kressenstein, geb. 1715 den 16. Nov. verm. 1735 den 15. Febr. starb 1772 den 31. Oct.

Sigmund Friedrich, Senator, geb. 1737 den 23. Oct.
Gem. Sophia Maria, Georg Burkhart Hallers von Hallerstein, des Brandenb. rothen Adlerordens Großkreuz, und bey hies. Stadt dritten Obristhauptmanns und Kriegsobristl. und Susanna Maria Kressin von Kressenstein, Tochter, geb. den 22. Nov. 1743, verm. den 23. Oct. 1765.

Anna Lucia, geb. 1742 den 19. Nov.
Gem. Georg Christian Haller von Hallerstein, Pfleger der Kloster St. Klaren und Pillenreuth, geb. 1732 den 3. Maii, verm. den 2. Merz 1762.

Sophia Maria, geb. 1767 d. 20 Jul.

Maria Helena, geb. 1770 d. 29. Oct. starb d. 14. Sept. 1780.

Johann Sigmund Friedrich, geb. 1771 d. 11. Dec.

Christoph Carl Friedrich, geb. 1773 d. 16. Oct. starb 1780 d. 17. Sept.

Christoph Wilhelm Friedrich, geb. 1774 d. 7. Nov. starb 1775 d. 19. Maii.

Anna Lucia, geb. 1775. d. 22. Dec.

Helena Eleonora, geb. 1777 d. 12. Merz.

Helena Sabina, geb. 1778 d. 9. Jul.

Maria Hedwig Friderike, als Zwilling geb. 1780 d. 24. Merz, starb d. 21. Maii d. J.

Susanna Helena Maria, als Zwilling geb. d. 24. Merz 1780, starb d. 20. Aug. d. J.

Johann Philipp, geb. 1781 d. 31. Jul.

Einzelne Bemerkungen zu Tab. CCCLXXVI.

Anna Maria Fürerin von Haimendorf, Sigmund Friedrich Behaims von Schwarzbach, Septemvirs und Kriegsraths, Wittwe, starb 1763 d. 11. Oct.

Anna Lucia Fürerin, Joh. Sigm. Gabriel Holzschuhers von Aspach, Losungraths, Gemahlin, starb d. 26. Jun. 1760.

Fortgesetztes Geschlechtsregister der Herren Fürer von Haimendorf.
s. Biedermann Tab. CCCLXXVII.

Gustav Philipp Fürer von Haimendorf auf Wolkersdorf, Senator, starb 1737 d. 17. Jan.
   Gem. 1. Maria Helena Holzschuberin von Neuenbürg, starb 1709 d. 10. Merz.
        2. Anna Maria von im Hof, starb 1731 d. 20. Sept.
Ausser den verstorbenen, von Biedermann schon angezeigten Kindern sind zu bemerken:

Maria Magdalena, geb. 1720 den 20. Oct. starb 1750 d. 18. Oct.
   Gem. Christoph Carl Sigmund Holzschuber von Harrlach, vermahlen Senator u. Scholarch, verm. d. 8. Jul. 1738.

Johann Christoph, geb. 1722 d. 1. Maii, Assessor u. Schöpf am Land-u. Bauern Gericht 1748, Pfleger zu Reicheneck d. 28. Jan. 1750, Pfleger des Amts und Städtleins Gräfenberg d. 5. Jun. 1764, starb in Nürnberg d. 7. Nov. 1769, u. liegt in der Familiengruft zu St. Johannis. Gem. Catharina Helena, Christoph Gottlieb Scheurl von Defersdorf, Senators und Maria Barbara Löffelholzin von Colberg, Tochter, geb. d. 31. Maii, verm. 1747 d. 12. Sept. starb 1773 d. 5. Jun.

Georg Christoph, geb. 1724 den 14. Jan. st lebte 1758 d. 4. Oct zu Erlang, wo er in der Universitätskirche begraben liegt.

Catharina Helena, geb. 1748 d. 27. Jul.
   Gem. Christoph Carl Fürer von Haimendorf, &c. vermahlen Senator u. Landpfleger, geb. 1729 d. 28. Nov. verm. d. 23. Febr. 1768.
Gustav Gottlieb Christoph, geb. d. 17. Apr. 1753. Von ihm siehe neben.
Friedr. Carl Christoph, geb. den 3. Mail 1756. starb d. 18. Apr. 1760.
Christoph Gottfried Fürer. Siehe neben.
Carl Christoph, geb. d. 5. Oct. 1761, st. d. 18. Nov. d. J.
Maria Hedwig Barbara, geb. d. 10. Jul. 1763, st. d. 5. Jul. 1766.
Clara Jacobina, geb. 1765 d. 6. Maii, starb d. 27. Sept. d. J.

Maria Barbara, geb. den 6. Febr. 1750, starb d. 6. Nov. 1762.
Carl Christoph Wilhelm, geb. d. 15. Dec. 1754, ward Adjunct im Leibhaus d. 2. Aug. 1779, im Losungamt 1786 d. 12. Nov.
   Gem. Mariane, Carl Wilh. Scheurl von Defersdorf x. Pflegers zu Engelthal, u. Clara Maria Eleonora Reckin von Kressenstein Tochter, geb. d. 1. Jun. 1750, verm. d. 26. Jul. 1780.
Maria Eleon. Magdalena, geb. d. 28. Apr. 1781, st. d. 24. Maii d. J.
Christoph Andreas, geb. d. 11. Aug. 1766, st. d. 9. Sept. 1786 zu Altdorf.

Christoph Carl Sigmund. Von ihm siehe neben.

Soph. Maria Carolina Philippina, geb. d. 11. Merz 1782, starb d. 17. Merz 1783.

Sigm. Friedr. Christoph, geb. d. 4. Aug. 1769, starb den 30. Sept. 1771.

Carl Gustav Gottlieb, geb. 1725 d. 9. Maii, ward Keller Amtmann 1758, Unschlittamtmann 1770, Administrator der Fürer. Vorschickung 1772, Senior Familiae 1774, starb d. 13. Maii 1779.
   Gem. Susanna Barbara, Georg Friedr. Pömers, Assessors am Untergericht, und Susanna Barbara Winklerin von Mohrenfels, Tochter, geb. d. 16. Jun. 1735, verm. 1758 den 16. Aug.

Maria Helena, geb. 1759 d. 16. Maii, st. d. 1. Jul. 1762.
Barbara Maria Carolina Friderica, geb. d. 11. Oct. 1762.
Anna Maria, geb. d. 19. Jul. 1766, starb d. 11. Jun. 1767.

Mar. Hel. Susanna, geb. 1760 d. 11. Maii, starb d. 19. Jan. 1761.
Christ. Gottl. Jacob Carl, geb. d. 16. Oct. 1763.
Maria Anna, geb. d. 9. Maii 1769.

Christ. Jacob Carl, geb. 1761 d. 5. Maii, st. d. 6. Aug. d. J.
Christoph Sigm. Carl, geb. d. 11. Dec 1764
Christoph Gottfr. Carl, geb. den 7. Jul 1774.

Christoph Carl Sigmund Fürer von Haimendorf ꝛc. geb. d. 16 Aug. 1751. Assessor u. Schöpf am Land- u. Bauern Gericht 1774, am Untergericht 1776, Registrator der obern Registratur e. a. Pfleger im Landalmosamt 1779.

Gem. Sophia Maria Philippina, Christoph Carl Kreß von Kreßenstein, Triumvirs, Kriegsobristē ꝛc. u. Sophia Maria, geb. von Kreß, Tochter, geb. d. 18. Dec. 1754, verm d. 20. Jun. 1775.

Sophia Maria, geb. d. 26. Merz 1776. starb d. 11. Nov. 1784.
Christoph Carl Sigmund, geb. d. 30. Jan. starb d. 17. Apr. d. J.
Sophia Carolina Maria, geb. d. 28. Febr. 1779
Carl Christoph Wilhelm, geb. d. 7. Aug. 1780.
Eleonora Amalia Franciska, geb. d. 29. Sept. 1781.

Gustav Gottlieb Christoph Fürer von Haimendorf ꝛc. geb. d. 17. Apr. 1753, trat 1770 in Milliärdienste und kam als Cadet unter das von Oelhafen. Infant. Regiment, ward 1772 zur Cavallerie transferirt, und 1777 d. 19. Merz Second- u. 1785 d. 30. Jul. Premier-Lieutenant unter des General von Treskaw. Fränk. Kreiß Küraßier Regiment.

Gem. Clara Maria, Christoph Gottfried Pellers von Schoppershof, Amtmanns der obern Wag, und Helena Catharina Ebnerin von Eschenbach, Tochter, geb. 1760 d. 16. Sept. verm. d. 10. Jul. 1781.

Clara Sophia, geb. 1783 d. 10. Merz.
Christoph Gottfried Friedrich, geb. 1784 den 4. Merz.

Christoph Gottfried Fürer von Haimendorf, geb. d. 3. Sept. 1757, kam 1771 d. 30. August. als Cadet in hiesige Kriegsdienste, ward 1779 d. 13. Febr. Fähndrich unter dem General Feldmarschall Lieutenant v. Oelhafenischen, dermahlen General Major von Schertelschen Fränkisch. Kreiß Infant. Regiment, u. avancirte 1782 d. 6. Aug. zum Second-Lieutenant.

Fortgesetztes Geschlechtsregister der Herren Fürer von Haimendorf.
f. Biedermann Tab. CCCLXXIX.

Ulrich Sebastian Fürer von Haimendorf auf Wolkersdorf, Ihro Röm. Kaif. Maj. würklicher Rath, Kronhüter und Verwahrer der Reichskleinodien, dann des altern geheimen Raths, dritter Obrist Hauptmann, vorderster Kriegs- auch Zeug- und Bauts Herr, Pfleger des Pilgrimsspitals zu St. Martha, Familiä Senior u. a. m. starb in einem ruhmvollen und gesegneten Alter von 85 Jahren d 20. May 1750.

Maria Sabina, geb. 1695 d. 17. Nov. starb 1759 d. 6. Apr.
Gemahl: Christoph Carl Welser von Neunhof, Senator und Baumeister, geb. 1690 d. 20. Dec. verm. d. 22. Aug. 1713. starb 1756 d. 20. Jul.

Christoph Carl, geb. 1701 d. 11. Febr. Hauptpfleger des Landalmes Amts, starb 1772 d. 27. Maii. Gemahlin: Anna Maria Tucherin von Simmelsdorf, geb. d. 23. Oct. 1703, verm. 1725 d. 11. Sept. starb d. 11. Jan. 1770.

Carl Sebastian. Von ihm und seinen Nachkommen siehe neben.

Maria Magdalena, geb. 1727 d. 6. Dec. starb 1752 d. 25. Merz.
Gemahl: Hans Joachim Wilhelm Scheurl von Defersdorf rc. dermahlen Stadt- und Pannrichter, auch Pfleger der Stiftungen und des Siechkobels zu St. Johannis, geb. 1721 d. 29. Dec. verm. d. 10. Nov. 1750.
Maria Helena, geb. d. 23. Sept. 1731 starb 1732 d. 13. Jan.

Maria Sabina, geb. d. 26. Jun. 1741.
Gemahl: Christoph Wilhelm Friedrich Stromer von Reichenbach, seit 1785 Senator, geb. d. 5. Febr. 1737, verm. d. 1. Dec. 1761.

Christoph Carl, geb. d. 28. Nov. 1729, ward Umgeld-Amtmann den 21. Apr. 1760, Senator und junger Burgermeister 1768, Rugsherr 1774, Landpfleger 1786
Gemahlin: Katharina Helena, Johann Christoph Fürers von Haimendorf rc. Pflegers des Amts und Städtleins Gräfenberg, und Katharina Helena Säcurin von Defersdorf, Tochter, geb. d. 27. Jul. 1748, verm. d. 23. Febr. 1768.

Katharina Karolina Helena, geb. d. 22. Apr. 1772, starb d. 8. Merz 1782.

Karl Sebastian Christoph, geb. d. 22. Apr. 1776 starb d. 9. Merz 1778.

Karl Gottlieb Gustav, geb. d. 24. Dec. 1780.
Karl Sigmund Christoph, geb. d. 14. Merz 1785.

Susanna Maria Helena, geb. den 18. Jul. 1774.

Ein todter Sohn, geb. d. 4. Merz 1778.

Helena Susanna Karolina, geb. d. 9. Aug. 1782, starb d. 25. Jan. 1785.

Fortgesetztes Geschlechtsregister der Herren Fürer von Haimendorf und Wolkersdorf.

s. Biedermann Tab. CCCLXXXI.

Carl Sebastian Fürer von Haimendorf auf Wolkersdorf, geb. 1706 d. 11. Merz, ward nach der Zurückkunft von der Universität zu Altdorf 1727 Cornet unter der Obristlieut. Deutschelischen Compagnie Baireuth. Kürass. Regiments, 1734 Premier Lieutenant bei der Major von im Hof. Compagnie; 1745 erhielt er die vacante Hauptmann von Mödische Compagnie Erbprinz Onolzb. Dragoner Regiments, 1757 wahrend des Feldzugs der Reichsarmee nach Sachsen die Obristwachtmeisterstelle, und blieb d. 5. Nov. dieses Jahrs in der Schlacht bei Rossbach. Gemahlin: Helena Jacobina Harsdörferin von Cubersdorf, geb. 1718 d. 16. Apr. verm. 1741 d. 25. Apr. starb 1767 d. 28. Sept.

Christoph Carl Sebastian. Von ihm s. die folg. Tab.

Carl Sigmund, geb. 1744 d. 9. Mail, seit 1775 Pfleger zu Hilpoltstein. Gem. Maria Hedwig, Balth. Christoph Kreß von Kressenstein, Senators, und Maria Magdalena, gebohrnen von Kreß, Tochter, geb. d. 17. Mail 1746, verm. d. 27. Jul. 1772.

Maria Helena, geb. 1746 d. 22. Mait. Gemahl: Joh. Friedrich Zeltner von Hochenau ec. geb. d. 8. Nov. 1744, verm. 1766 d. 7. Jan.

Maria Helena, geb. 1775 d. 9. Aug. gest. 1777. d. 1. Sept.

Christoph Carl Sigmund, geb. d. 13. Mail 1779.

Christoph Carl Christian. Von ihm s. d. folg. Tab.

Maria Juliana Helena, geb. d. 1. Merz 1751. Gem. Michael Wolkmar Siefbaber, Hauptmann unter dem Fürst Hohenlob Ingelfing. Fränk. Kreis Infant. Regiment und Kommendant der beiden Casernen bey St. Johannis, geb. d. 13. Sept. 1736, verm. 1784 d. 7. Dec.

Georg Christoph Carl, geb. d. 14. Febr. 1753, ward Assessor im Land und Bauerngericht 1777, im Untergericht 1780, im Stadt und Ehegericht 1785. Gemahlin: Maria Helena, Joh. Sigm. Holzschubers von Harrlach, damahl. Oberpfleger der Vorstadt Gostenhof, dermahlen Senators, und Maria Salome Pfinzingin von Henfenfeld, Tochter, geb. d. 25. Febr. 1755, verm. d. 14. Jul. 1778.

Christoph Carl Sigmund geb. d. 10. Febr. 1780.

Maria Helena Friderica, geb. d. 12. Merz 1781, st. d. 7. Sept. 1783.

Jobst Christoph Georg, geb. d. 23. Apr. 1782, st. 1783 d. 17. Oct.

Georg Friedrich Wilhelm Carl, geb. d. 21. Jul. 1783, st. d. 21. Mail 1784.

Maria Anna, geb. d. 2. Sept. 1784, starb d. 24. Jan. 1785.

Christoph Georg Carl, geb. d. 17. Dec. 1785.

Christoph Carl Sebastian Ihrer von Haimendorf auf Wolkersdorf, Himmelgarten und Renzenhof, geb. d. 19. Jul. 1742, Hauptmann unter dem von Kerpenischen Fränk. Kreiß Infant. Regiment.
Gemahlin: Maria Hedwig, Georg Burkhart Hallers von Hallerstein, des Brandenb. rothen Adler Ordens Großkreuz, bey dies. Republik Triumvirs und Kriegs obristß, und Susanna Maria Kressin von Kressenstein, Tochter, geb. d. 24. Merz 1748, verm. 1770 d. 22. Mall.

Joh. Sigmund Karl, geb. d. 4. Maii 1771, starb d. b. J.	Maria Magdalena Wilhelmina, geb. d. 20. Jun. 1772.
Sigmund Carl Friedrich, geb. d. 18. Sept. 1773.	Philippina Jacobina Hedwig, geb. d. 11. Apr. 1775.
Anna Lucia Maria, geb. d. 3. Jul. 1776, st. b. 16. Nov. d. J.	Jacobina Carolina Maria Friderica, geb. d. 30. Jul. 1777.
Sigmund Friedrich Christoph, geb. den 23. Oct. 1778.	Helena Eleonora, geb. d. 4. Febr. 1780, st. d. 30. Aug. 1781.
Maria Hedwig Helena, geb. d. 24. Febr. 1781.	Gottlieb Carl Wilhelm, geb. d. 3. Febr. 1784, starb den 2. Oct. b. J.
Carl Christoph Sigmund, geb. d. 9. Apr. 1785, st. d. 19. Jul. d. J.	Paul Carl Wilhelm, geb. d. 27. Jul. 1786.

Christoph Carl Christian Ihrer von Haimendorf auf Wolkersdorf, Himmelgarten und Renzenhof, geb. 1749 d. 14. May, ward Cadet unter dem Gen. Feldmarsch. Lieut. v. Varell. Fränk. Kreiß Infant. Regiment d. 4. Sept. 1763, Supernum. Fähndrich bey eben diesem Regiment d. 6. Dec. 1773, Bataillon Fähndrich d. 18. Nov. 1774, Supernum. Lieutenant d. 19. Jul. 1777. Second Lieutenant beym Gen. Major v. Kerpen. Regiment d. 9. Jun. 1775, Premiere lieutenant beym Gen. Major v. Schertelschen Kreiß Inf. Regiment d. 18. Aug. 1785.
Gemahlin: Helena Jacobina Friderica Theodosia, Christoph Jacob von Pömers, Septemvirs und vordersten Landpflegers, und Johanna Friderica von Hartung, Tochter, geb. d. 2. Apr. 1760, verm. d. 14. Oct. 1777.

| Christoph Jacob Friedrich Carl, geb. d. 17. Jun. 1779, st. d. 6. Jul. 1779. | Sigmund Friedrich Wilhelm Carl, geb. d. 8. Nov. 1782. |
| Anna Maria Friderica Carolina, geb. d. 14. Oct. 1786. | |

Fortgesetztes Geschlechtsregister der Herren Fürer von Haimendorf.

s. Biedermann Tab. CCCLXXXIII.

Karl Gottlieb Fürer von Haimendorf auf Wolkersdorf, geb. 1676. d. 9. Apr. starb als Landpfleger d. 8. Jun. 1752.
    Gemahlin I. Katharina Maria Geuderin von Heroldsberg, starb 1710 d. 29. Nov.
    II. Klara Susanna Welserin von Neunhof, starb 1739 den 14. Jun.
Ausser den verstorbenen, schon vom Biedermann angezeigten Kindern sind zu bemerken:

1
Susanna Maria, geb. 1709 d. 15. Sept. starb den 9. Merz 1779.
    Gemahl: Friedrich Jakob Muffel von Eschenau, verm. d. 15. Sept. 1734, starb d. 17. Jun. 1774.

2
Klara Regina, geb. d. 19. April 1714.

2
Klara Sabina, geb. d. 8. Nov. 1715.

2
Christoph Carl, geb. d. 9. Apr. 1721, starb als Registrator der obern Registratur unverheirathet d. 10. Jan. 1770.

2
Sophia Klara, geb. d. 9. Febr. 1724.

Maria Magdalena, geb. d. 16. Jan. 1726, st. d. 1. Merz 1768.

2
Karl Gottlieb Gustav Fürer von Haimendorf auf Wolkersdorf, Himmelgarten und Renzenhof, geb. d. 19. Apr. 1729, ward Beamter im Leibhaus 1760, vorderster Amtmann allda 1776, Senior der Familie 1779. Gemahlin: Anna Katharina, Karl Alexander Grundherrs von Altenthann, Senators und Rugsherrn, und Maria Barbara Winklerin von Mohrenfels, Tochter, geb. d. 28. Aug. 1734, verm. d. 7. Dec. 1779.

2
Maria Klara, geb. 1731 d. 1. Oct. starb d. 24. Aug. 1759.
    Gemahl: Sigmund Paul von Fetzer, Gerichts-Assessor, geb. d. 1. Aug. 1728, starb 1764.

Fortgesetztes Geschlechtsregister der Herren Fürer von Haimendorf.

f. Biedermann Tab. CCCLXXXVI.

Georg Sigmund Fürer von Haimendorf zu Steinbühl und Himmelgarten, geb. 1701 d. 27. Jan. starb als Landpfleger d. 13. Sept. 1767.
Gemahlin: Maria Magdalena Pfinzingin von Henfenfeld, verm. 1724 d. 5. Dec. starb als Wittwe d. 1. Dec. 1785.

| Christoph Sigmund, geb. und gest. den 30. Nov. 1725. | Maria Salome, geb. 1727 d. 6. Jan. starb d. 23. Dec. 1774. Gem. Karl Friedrich Behaim von Schwarzbach, geb. 1721 d. 15. Dec. verm. 1746 d. 24. Oct. starb als dritter obrister Hauptmann, Kirchenpfleger u. a. m. d. 17. Merz 1776. |

Mit obigem Georg Sigmund Fürer 2c. ist die Sigmundische Hauptlinie erloschen.

Einzelne Bemerkungen.

Maria Sabina Fürerin von Haimendorf, Wolf. Friedr. Kreß von Kreßenstein, Wag-Amtmanns, Wittwe, starb 1754.
Anna Lucia Fürerin von Haimendorf, Johann Karl Scheurls von Defersdorf, Losungraths, Gemahlin, starb 1751 d. 14. Merz. Er. verschied d. 3. Dec. eben dieses Jahrs.

Fortgesetztes Geschlechtsregister der Herren Fürer von Haimendorf.

s. Biedermann Tab. CCCLXXXIX.

Johann Paul Fürer von Haimendorf auf Kenzenhof, starb als Amtmann des Ochsen- und Unschlitt-Amts d. 10. Jan. 1770. Seine Gemahlin, Barbara Sabina Braunin, verschied 1757 d. 10. Febr.

Maria Philippina, geb. 1727 d. 18. Jun. lebt als Wittwe.
 Gem. Christoph Karl Joseph Volkamer von Kirchensittenbach, Senator und Baumeister, geb. d. 18. Merz 1716, verm. d. 17. Sept. 1754, starb 1783 d. 2. Jan.
Karl Moriz, Rittmeister unter dem Fränk. Treskowischen Kürassier-Regiment und Administrator des Joh. Stam. Fürerischen Fidei Kommißes, geb. d. 4. Jul. 1733, starb d. 13. Nov. 1782.
 Gem. Maria Helena, Johann Jacob Hallers von Hallerstein, Assessors am Untergericht, und Maria Helena Fürerin von Haimendorf, Tochter, geb. d. 15. Merz 1729, verm. d. 28. Maii 1771, lebt als Wittwe.
 Mit ihm ist die Moriz Fürerische Hauptlinie ausgegangen.
Maria Magdalena, geb. d. 3. Nov. 1734. starb den 2. Jan. 1785.
 Gem. Ehrenfried Christian Heinrich Hofer von Lobenstein, Obrist unter dem von Kerpenischen Infanterie Regiment, geb. d. 16. Febr. 1716. verm. d. 17. Aug. 1756. starb im Sept. 1782.

Jobst Wilhelm Moriz, geb. d. 9. Sept. 1728. ward Pfleger der Vorstadt Gostenhof 1756, u. starb d. 12. Merz 1763.
 Gem. Maria Philippina, Friedrich Wilhelm Ebners von Eschenbach, Pflegers zu Herspruck, und Anna Maria Grundherrin von Altenthann, Tochter, geb. den 8. Sept. 1730, verm. 1757 d. 27. Sept.

Maria Philipp. Wilhelmina, geb. d. 8. Jul. 1758. verm. d. 26. Jul. 1785 mit Paul Tob. Wagler, J. V. D. u. Adv. ord. geb. 1760 d. 16. Apr.
Karl Wilh. Moriz, geb. den 12. Jul. 1761, starb den 10. Oct. 1762.
Christ. Heinr. Ehrenfr. Moriz, geb. d. 9. Merz 1763, st. d. 29. Aug. d. J.

Maria Philippina Klara Wilhelmina, geb. d. 9. Sept. 1759, st. d. 8. Merz 1760.
Jobst Wilh. Moriz, geb. 1760 d. 7. Aug. starb d. 24. bernach.
Maria Hel. Wilhelmina, geb. d. 22. Sept. 1764, st. d. 23. Jan. 1769.

Einzelne Bemerkungen
Zu Tab. CCCLXXXVII.

Christoph Sigmund Fürer von Haimendorf zu Himmelgarten und Steinbühl, geb. 1693. d. 3. April, kam in den Rath 1751. und starb als Septemvir Scholarch und Oberalmospfleger d. 31. Mai 1767.
Seine Gemahlin, Anna Maria Grundherrin von Altenthann, starb 1761 d. 30. Dec.
Seine Tochter, Maria Juliana, geb. 1726 d. 29. Aug. starb 1753 d. 4. Jul. als die Gemahlin Jobst Christoph Harsdörfers von Enderndorf, welcher als vorderster Landpfleger 1786 d. 8. Mai verschieden ist.

Zu Tab. CCCLXXXVIII.

Anna Helena Fürerin von Haimendorf, starb als die Wittwe Lazarus im Hofe, Waldamtmanns, 1753 den 3. Jan.
Maria Elisabetha Fürerin von Haimendorf, verwittibte Pömerin, verschied d. 12. Oct. 1756.
Maria Sophia Fürerin, Georg Christian Hülß von Rathsberg, Wittwe, starb d. 25. Sept. 1765.

Zu Tab. CCCLXXXIX.

Jobst Wilhelm Fürer von Haimendorf zu Renzenhof, geb. 1688 d. 10. Oct. starb als Senior des Geschlechts d. 5. Jul. 1774.
Seine Gemahlin, Helena Clara Tucherin von Simmelsdorf, starb 1772 d. 24 Mai.
Maria Magdalena Fürerin von Haimendorf, starb als Christoph Gottfr. Kressen von Kressenstein, Losungraths, Wittwe, 1757 d. 9. Jul.

Fortgesetztes Geschlechtsregister der Herren von im Hof.

f. Biedermann Tab. CCL.

Johann Wilhelm im Hof, geb. 1725 den 22. Sept. ward Lieutenant bey der Heßischen Garde 1748, Rittmeister von der Nürnberg. Stadtgarde 1749, trat aber diese Dienste erst im Nov. 1750 an; wurde Obrist Wachtmeister und Platzmajor 1755, Obrist Lieutenant 1757, Obrist 1764. Im J. 1769 ward er Senator Consularis, und 1771 Deputirter zu den vier befindlichen Residenten und Agenten, auch zum Frais- und Frevelamt; 1774 Rugsherr, 1776 Deput. zum Markt, 1786 Viertelmeister und Landpfleger.

Gem. Clara Sophia Maria, Adam Hieronymus Carl im Hof zu Wörlach, und Sophia Magdalena, Freyin von Seckendorf, Tochter, geb. 1731. den 26. Oct. zu Breisach, vermählt 1752 den 24. Apr.

Sophia Dorothea Juliana Roſina, geb. 1753. den 11. Merz, st. 1754 d. 17. Maii.	**Jacob Christoph Joachim Wilhelm,** geb. 1754 d. 6. Nov. ward Cadet unter hiesiger Feldmiliz 1761, fieng an, Dienste zu thun 1763, ward beym Stand zum Fähndrich ernannt 1771, wirklicher Bataillon Fähndrich beym Kerpen. Regiment 1772, Unterlieutenant bey eben diesem Regiment 1774, Oberlieutenant bey dem v. Schertel. Regiment 1782. Gem. Luise Wilhelmine, Christoph Carl Keß v. Kreſſenstein, Senatoris Consul. u. Maria Clara Ebnerin von Eschenbach, Tochter, geb. 1757 d. 5. Oct. verm. 1777 d. 2. Dec.	**Maria Sophia,** geb. 1757 den 23. Sept. starb 1769. d. 15. Jun.

Luise Wilhelmine, geb. 1778 d. 3. Nov.	**Christoph Joachim Wilhelm,** geb. 1779 d. 15. Nov.	**Johann Wilhelm,** geb. 1781 d. 26. Jun.
Susanna Clara Wilhelmine, geb. 1782 d. 8. Oct.	**Maria Sophia Clara,** geb. 1783 d. 13. Nov.	**Christoph Andreas Carl Wilhelm,** geb. 1785 d. 15. Sept.

Bemerkungen.

Maria Felicitas Tucherin, geb. von im Hof, starb 1749 den 29. April.
Jacob Wilhelm im Hof starb als hochfürstl. Würzburg. Geheimer Rath 1758 den 16. Aug. zu Eberach. Seine Gemahlin starb 1755.
Catharina Dorothea im Hof starb 1784 den 4. Merz.
Juliana Regina Carolina von Calenberg, geb. im Hof, starb 1763. den 1. Oct.
Sophia Maria Wilhelmina im Hof starb unter dem Ordensnamen de S. Piere de Coelestins, 1754.

Fortgesetztes Geschlechtsregister der Herren im Hof von und auf Ziegelstein.
s. Biedermann Tab. CCLX.

Georg Christoph Gottlieb im Hof von und auf Ziegelstein, geb. 1701 den 23. Dec. ward Burgermeister 1751, Vorwärter zu den Salzhandlern, zur Infection und Schaubank, ingleichen zu den Residenten und Agenten allhier 1753; Rugsherr 1755, Viertelmeister am Egydienhof 1758, Kriegsrath eod. a. Zeugherr und Deput. zum Schießhaus 1762, Deput. zu den Unburgern; des ältern geheimen Raths 1766, Deput. zum Stadtmingel, zum Schießgraben und zur Herren Trinkstube 1767, starb 1768 den 30 Nov.

Gem. 1. Anna Maria, Ad. Rud. Geuders von Heroldsberg ic. Septemvirs u. Scholarchs, u. Maria Jacobina Stromerin von Reichenbach, Tochter, geb. 1707 den 14. Dec. verm. 1726 den 19. Merz, starb 1743 den 13. Mait.

2. Barbara Sabina, Joh. Friedrich Pömers, Obristwachtmeisters und Pflegers zu Hersprück, und Helena Jacobina von Roggenbach, Tochter, geb. 1714 den 6. Jan. verm. 1743 den 22. Oct.

1.
Catharina Eleonora Maria, geb. 1741 d. 7. Jun. starb d. 15. Oct. d. J.

1.
Maria Sophia Wilhelm. geb. 1743 d. 3. Jan. st. d. 6. Febr. e. J.

2.
Georg Christoph Carl, geb. 1744 d. 29 Aug. starb 1747 d. 2. Apr.

2.
Johann Sigmund Georg, geb. 1745 d. 23. Oct. als Zwilling, kam ins Land- u. Bauern-Gericht 1769, ins Untergericht 1772, ins Stadt- u. Ehegericht 1774.
Gem. Maria Helena, Christoph Andreas im Hoff von Marckt Helmstatt, Senators, und Maria Barbara von Pömer, Tochter, geb. 1751 d. 9. Febr. verm. 1773 d. 1. Jun.

Sophia Maria Barbara, geb. 1745 d. 23. Oct. als Zwilling, starb 1746 d. 10. Apr.

2.
Sophia Maria Barbara, geb. 1748 d. 27. Aug.

Maria Anna Helena, geb. d. 22. Mart. 1747, st. d. 10. Apr. d. J.

2.
Georg Christoph Jac. Gottlieb, geb. 1749 d. 8. Aug. st. 1755 d. 26. Apr.

Christoph Sigmund Andreas, geb. 1774 d. 10. Dec.

Johann Georg Wilhelm, geb. 1777 d. 27. Dec. starb 1786 d. 5. Aug.

Barbara Sabina Maria, geb. 1776 d. 6. Merz.

Christoph Georg Gottlieb Wilhelm, geb. 1779 d. 5. Febr.

2.
Georg Christoph, geb. 1750 d. 14. Sept. kam in den Militar-Dienst i. 63. ward supernumerar. Fähndrich 1767, wirklicher Bataillon Fähndrich 1769, Unterlieutenant bey des Fränk. Kreis. Fürst Hohenloh. Infant. Regiment 1772, Oberlieutenant 1782.

Bemerkungen zur 260. Tabelle im Biedermann.

Georg Andreas im Hof von Ziegelstein kam 1697 in die Rug, ward 1706 Landpfleger, 1709 alter Burgermeister, 1711. Septemvir.
Anna Sibylla Löffelholz von Colberg, gebahrne im Hof, starb 1756 den 7. Merz.

Fortgesetztes Geschlechtsregister der Herren im Hof von und zu Markt Helmstatt.

f. Biedermann Tab. CCLXV.

Christoph Andreas III. im Hof von und zu Helmstatt, geb. 1704 den 19. Jan. ward junger Burgermeister 1752, Deputatus zum Krais und Krevelamt, zum Münzvisitationsamt, zu den Hochzeitladern, Leichenbittern und Auswärtern 1753; zum Losungsrestantenamt 1756, Viertelmeister im Salzmarktersviertel, Baumeister, e. a. Alter Genannter 1757; ward nach geschehener Resignation von dem Bauamt entlassen 1763, erhielt die Viertelmeisterstelle im Elisabeth. Viertel e. a. ward Deput. zum Policenwesen 1767, Senior Familiae und Pfleger zu S. Rochus 1768, starb 1740 den 21. Merz.
Gem. Maria Barbara, Georg Wilh. Pömers, Senators und Scholarchen, und Clara Barbara Scheurlin von Defersdorf, Tochter, geb. 1712 den 24. Jul. verm. 1729 den 6. Sept. starb 1776 den 30. Oct.

Georg Andreas, geb. d. 6. Oct. 1730, st. 1731. d. 21. Jan.	Gottlieb Andreas, geb. 1732 d. 2. Febr. starb 1733 d. 23. Maii.	Christoph Andreas IV. geb. 1734 d. 3. Jan. Von ihm und seinen Nachkommen siehe die folg. Tabelle.	Maria Barbara, geb. 1735 d. 10. Merz, starb 1749 d. 25. Nov.	Helena Maria, geb. 1739 d. 30. Jul. starb 1740 d. 19. Sept.
Catharina Helena, geb. 1744 d. 6 Dec. starb 1749 den 28. Nov.	Susanna Maria, geb. 1746 d. 2. Aug. Gem. Johann Sebastian Wilhelm Ebner von Eschenbach, Oberlieutenant bey des Kränk. Kraiß. Fürst Hohenloh. Infant. Regiment; ist dermahlen Hauptmann unter besagtem Regiment, geb. 1744 d. 22. Apr. verm. 1780 d. 28. Nov.			Maria Helena, geb. 1751 d. 9. Febr. Gem. Johann Sigmund Georg im Hof, von u. auf Ziegelstein, Assessor am Stadt- und Ehegericht, geb. 1745 d. 23 Oct. verm. 1773 d. 1. Jun.

Bemerkung zur 265. Tabelle im Biedermann.

Christoph Friedrich im Hof von und zu Markt Helmstatt ward 1725 Assessor am Land- und Bauerngericht; 1726 am Unter-, 1733 am Stadt- und Ehegericht; 1737 junger Burgermeister, 1744 Rugsherr, und 1745 Deput. zum Ochsen- und Unschlittamt. Er starb 1750 den 24 Merz. Seine Witwe 1761 den 2. Dec.

Chriſtoph Andreas IV. im Hof von und zu Markt Helmſtatt, geb. 1734 d. 3. Jan. ward Aſſeſſor und Schöpf am Land- und Bauerngericht 1757, am Untergericht 1760, am Stadt- und Ehegericht 1764, Pfleger des neuen Spitals zum h. Geiſt 1771, kam in den Rath als alter Genannter 1780, ward junger Burgermeiſter 1783, Deputirter zu den Hochzeitladern 1783, Deputirter zu den Pegnitzergießungen und Waſſersgefahr 1784, Deputirter zur Verbeſſerung der Pollcey 1783, Deputirter zum Frais- und Frevelamt, wie auch zu den ſpringenden Waſſern 1786.

Gemahlin 1. Sabina Regina, Chriſtoph Gottlieb Scheurl von Defersdorf auf Mornek und Heuchling, des Innern Raths, und Maria Barbara Löffelholzin von Colberg, Tochter, geb. 1734 d. 11. Sept. verm. 1757 d. 1. Merz, ſtarb 1763 d. 23. Merz.

2. Maria Magdalena, Georg Wilhelm Löffelholz von Colberg auf Gibizenhof, des innern Raths und Rugsherrn, und Eufanna Catharina, gebohrnen Löffelholzin von Colberg zu Zerzabelshof, Tochter, geb. 1742 d. 21. Jun. verm. 1764 d. 19. Jun.

1.

Chriſtoph Andreas V. im Hof von Helmſtatt, geb. 1761 d. 12. Aug. ward Aſſeſſor und Schöpf am Land- und Bauerngericht 1786, am Untergericht 1787.

Gem. Jacobina Carolina, Chriſtoph Carl Kreß von Kreſſenſtein, Senatoris Conſularis und Rugsherrn und Sufanna Clara Peßlerin von Schoppershof, Tochter, geb. 1760 d. 29. Maii, verm. 1785 d. 19. April.

Sufanna Clara Caroſina, geb. 1786 d. 20. Febr.

Clara Sophia, geb. 1787 d. 24. Febr.

2.

Maria Barbara Wilhelmina, geb. 1766 d. 8. Apr.

Gemahl Chriſtoph Friedrich Carl Volkamer von Kirchenſitenbach, geb. 1761 d. 22. Jan. verm. 1784 d. 7. Dec.

2.

Friedrich Chriſtoph Carl, geb. 1771 d. 4. Febr. ſtarb d. 5. Nov. d. J.

2.

Jobſt Chriſtoph Wilhelm, geb. 1773 d. 17. Sept. ſtarb 1774 den 19. Jun.

Paul Chriſtoph Wilhelm, geb. 1775 d. 30. Sept. ſtarb d. 16. Oct. d. J.

2.

Johann Chriſtoph Wilhelm, geb. 1779 d. 25. Jun. ſtarb d. 23. Jul. d. J.

2.

Georg Chriſtoph Wilhelm, geb. 1767 d. 7. Mai, ſtarb 1768 d. 11. Aug.

2.

Hanns Chriſtoph Wilhelm, geb. 1769 d. 28. Merz.

2.

Chriſtoph Carl, geb. 1772 d. 18. Jun. ſt. d. 22. Nov. d. J.

2.

Gottlieb Chriſtoph Wilhelm, geb. 1774 d. 19. Nov. ſtarb 1782 d. 8. Merz.

2.

Paul Chriſtoph Wilhelm Andreas, geb. 1778 d. 4. Jan.

Fortgesetztes Geschlechtsregister der Herren Löffelholz von Colberg.

s. Biedermann Tab. CCCXII.

Christoph Friedrich Löffelholz von Colberg auf Zerzabelshof, geb. 1718 d. 14. Sept. ward Zoll- und Waaramts-Adjunct 1745, Kriegs- und Stegamtmann 1751, Senator 1770, Rugspräses 1786. Gem. Helena Maria, Carl Benedict Vollamers von Kirchensittenbach, Assessors am Land- und Bauerngericht, und Helena Maria Tucherin von Simmelsdorf, Tochter, geb. 1718 d. 29. Apr. vermählt 1741 d. 11. Dec. starb d. 28. Jul 1752.

Helena Maria, geb. 1742 d. 8. Sept. starb d. 8. Oct. d. J.
Joh. Adam Carl Friedrich, geb. 1746 d. 5. Febr. starb d. 14. Jul. d. J.
Helena Catharina, geb. 1747 d. 18. Aug. starb d. 30. Oct. 1750.
Paul Carl Friedrich, geb. d. 26. Apr. 1751, steht dermalen als Oberlieutenant bey dem Fränk. Kreiß Dragoner Regiment.
Gem. Sophia Philippina, Georg Wilhelm Pömers von Diepoltsdorf, Kaiserl. Hauptmanns, und Regina Maria, gebohrnen von Pömer, Tochter, geb. 1747 d. 20. Sept. verm. d. 28. Apr. 1778.

Hans Wilhelm Friedrich, geb. d. 4. Oct. 1743. wurde 1770 Leder- und Niederlags-Amtmann.
Gem. Anna Maria, Hanns Jacob Hallers von Hallerstein, Senators und Scholarchen, und Helena Maria, gebohrnen Hallerin von Hallerstein, Tochter, geb. d. 1. Apr. 1749, verm. d. 15. Mail 1770.

Helena Maria Wilhelmina, geb. d. 7. Dec. 1771.
Georg Wilhelm Friedrich, geb. d. 7. Jul. 1775.
Carl Friedrich Christoph, geb. d. 9. Dec. 1784.

Philipp. Jakob Friederika, geb. d. 31. Dec. 1773.
Maria Hedwig Friederika, geb. d. 30. Jan. 1778.
Carl Friedrich Christoph, geb. d. 10. Apr. 1779, starb

Helena Maria, geb. d. 27. Dec. 1744.
Johann Burkhart Friedrich, geb. den 2. Nov. 1748, starb d. 13. Nov. 1749.
Maria Helena, geb. d. 11. Jan. 1750, st. den 4. Nov. d. J.
Maria Helena und Susanna Maria, Zwillinge, geb. d. 22. Jul. 1752. Jene starb den 9. Aug. 1754, diese den 15. Merz e. a.

Einzelne Bemerkungen zu Tab. CCCXI. und CCCXII.

Johann Karl Löffelholz von Colberg, starb als Septemvir und Kirchenpfleger 1756.
Johann Friedrich Löffelholz von Colberg, Ober-Mas und Zollamtmann, starb 1759, und seine 2te Gem. 1752.
Susanna Katharina, gebohrne und vermählte von Löffelholz, starb 1763 d. 5. Jun.

Fortgesetztes Geschlechtsregister der Herren Löffelholz von Colberg.

s. Biedermann Tab. CCCXXII.

Johann Wilhelm Paul Löffelholz, geb. 1730 d. 12. Mall, starb als Rittmeister unter des Fränkischen Kraißes Küraßier Regiment von Treklaw, auch Pfleger und Commendant der Vestung Lichtenau, d. 8. Merz 1781.
Gem. Katharina Friederica Jacobina, Johann Friedrich von Eyb auf Westenberg und Kronhof, und Henelette Sophie von Rothschütz, Tochter, geb. 1736 d. 11. Apr. verm. 1763 d. 4. Mall. Sie lebt seit 1784 d. 9. Nov. in 2ter Ehe mit Carl Gottfried Grundherr von Altenthann, Losungsrath.

Eine todte Tochter, geb. d. 24. Jul. 1764.	Susanna Maria Jacobina, geb. 1765 d. 7. Jul.	Hanns Georg Wilhelm, geb. d. 19. Sept. 1767, starb d. 19. Nov. 1768.	Helena Jacobina Friderika, geb. d. 17. Dec. 1768, starb d. 6. Merz 1773.
Leonora Albertina Maria, geb. d. 21. Dec. 1769, st. d. 3. Merz 1773.	Maria Sabina Wilhelmina, geb. 1772 d. 26. Febr.	Hanns Friedrich Ludwig Wilhelm Carl Alexander, geb. d. 30. Apr. 1776.	

Einzelne Bemerkungen.

Hanns Paul Löffelholz von Colberg, Senator, starb d. 3. Sept. 1759.
Seine Schwester Magdalena Christina, vermählt an Christoph Friedrich im Hof von Helmstatt, Sentorn und Rugsherrn, starb 1761 d. 2. Dec. als Witwe.
Seine Tochter, Eva Sophia Maria Löffelholzin von Colberg, geb. 1726 d. 11. Oct. ist seit 1764 d. 13. Merz an Carl Alexander Waldstromer von Reichelsdorf und Schwaig, des innern Raths und Alten Genannten, auch Viertelmeister und Pfleger des Siechtobels zu St. Leonhart, vermählt.

Fortgesetztes Geschlechtsregister der Herren Löffelholz von Colberg.

f. Biedermann Tab. CCCXXIII.

Sigmund Friedrich Löffelholz von Colberg auf Herolzbach und Oberlindelbach, geb. 1727 d. 12. Dec. ist seit d. 19. Apr. 1786 Senator und Alter Genannter.
 Gem. Maria Helena, Christoph Willibald Harsdörfers von Endersdorf, vördersten Losungers, Reichs-Schultheissen u. a. m. und Maria Swandschneiderin von Weiherhauß, Tochter, geb. 1724. den 30. Apr. verm. 1755 den 25 Febr.

Susanna Maria, geb. d. 7. Dec. 1755. Gem. Johann Paul Carl Volkamer von Kirchensittenbach, seit 1787 Senator, geb. 1755 d. 21. Aug. verm. 1779 d. 28. Sept.	Christoph Wilhelm Friedrich, geb. d. 20. Sept. 1757, st. d. 17. Apr. 1760.	Christoph Friedrich Wilhelm, geb d. 8. Apr. 1759, st. d. 12. Apr. 1760.
Carl Friedrich Wilhelm, geb. d. 26. Febr. 1761.	Barbara Helena Wilhelmina, geb. d. 26. Febr. 1762, st. d. 4. Jun. 1765.	Helena Maria Jacobina, geb. d. 20. Jun. 1763, starb d. 28. Jul. d. J.	Jobst Christoph Wilhelm, geb. d. 25. Oct. 1765, starb d. 11. Aug. 1767.

Einzelne Bemerkungen.

Christoph Wilhelm Löffelholz von Colberg zu Herolzbach, starb als Senator und Alter Genannter 1769 d. 21. Jul.
 Seine Gemahlin, Susanna Maria Behaimin von Schwarzbach, verschied d. 15. Sept. 1756.
 Seine Tochter Susanna Maria Löffelholzin von Colberg, geb. 1736 d. 16. Merz, vermählte sich 1761 d. 21. Jul. mit Christoph Carl Gottlieb Winkler von Mohrenfels ꝛc. Assessorn am Untergericht, geb. 1736 d. 21. Jul. und gestorben d. 31. Jul. 1766.

Fortgesetztes Geschlechtsregister der Herren Löffelholz von Colberg.

s. Biedermann Tab. CCCXXXV.

Georg Wilhelm Löffelholz von Colberg auf Gibizenhof, geb. 1711 d. 8. Sept. kam als Assessor ins Stadtgericht 1753, in den Rath 1756, ward Rugsherr 1759, Landpfleger 1766, Alter Bürgermeister 1767, Steuerherr und Deputirter zum Landgericht 1767, zum Getraid-Aufschlag dann zum Wazenbräu Amt 1774, September 1776, Deputirter zum Banfogericht und vorderster Landpfleger 1781, starb d. 4. Merz 1786. Seine Gemahlin verschied 1763 d. 5. Jun. Ausser den 4 frühzeitig verstorbenen und von Biedermann schon angezeigten Kindern sind zu bemerken:

Helena Susanna, geb. d. 9. Jan. 1735, starb d. 16. Jan. 1787.
Gem. Hanns Joachim Wilhelm Scheurl von Defersdorf, Stadt- und Bannrichter, geb. 1721 d. 28. Dec. verm. 1753 d. 23. Oct.

Jakob Wilhelm, geb. d. 17. Mau 1741. Von ihm u. seinen Kindern siehe neben.

Maria Magdalena, geb. d. 21. Jun. 1742.
Gem. Christoph Andreas IV. im Hof von Heimstatt, Senator, geb. 1734 d. 3. Jan. verm. d. 26. Jun. 1764.

Helena Maria, geb. d. 27. Febr. 1744, starb den 26. Maii 1747.

Helena Jakobina, geb. d. 7. Apr. 1745, st. d. 29. Maii 1747.

Christoph Friedrich Wilhelm, geb. den 16. Maii 1746, starb den 31. Merz 1760.

Jakob Gottlieb Wilhelm, geb. d 6 Oct. 1747. Von ihm u. seinen Kindern s. neben.

Helena Katharina, geb. d. 28. Merz 1749, starb d. 3. Oct. 1753.

Anna Katharina, geb. d. 14. Aug. 1750.
Gem. Paul Wilhelm Ebner von Eschenbach, Assessor am Stadt- und Ehegericht, und Oberpfleger in Gostenhof, geb. d. 12. Merz 1733, verm. 1775 d. 2. Maii.

Anna Lucia, geb. d. 13. Jun. 1753.
Gemahl: Martin Karl von Wölckern, Weg- und Stegs-Amtmann, geb. 1755 d. 14. Febr. verm. d. 25. Apr. 1785.

Jakob Wilhelm Löffelholz von Colberg, geb.
d. 17. Maii 1741, ward Assessor im Land- und Bauerngericht 1766, im Untergericht 1768, im Stadt-
und Ehegericht 1772, starb d. 12. Dec. 1775.
Gem. Maria Hedwig, Friedrich Carl Scheurls von Defersdorf, Senators und Kriegsraths, und
Maria Hedwig, gebohrnen von Scheurl, Tochter, geb. 1749 d. 22. Dec. verm. d. 14. Oct. 1766.

Jakob Gottlieb Wilhelm Löffelholz von Colberg und
Bibizenhof, geb. d. 6. Oct. 1747, ward Assessor im Land-
und Bauerngericht 1772, im Untergericht 1773, im Stadt-
gericht 1776, Adjunct des Waldamts Sebaldi 1784, wirklicher Waldamtmann 1785.
Gem. Susanna Maria Katharina, Georg Burkhart Hallers von Hallerstein, Triumvirs und Kriegsobristen, und
Susanna Maria Kressin von Kressenstein, Tochter, geb. 1746
d. 26. Maii, verm. d. 27. Apr. 1773.

Georg Karl Wilhelm, geb. den 23. Aug. 1767.	Maria Magd. Katharina, geb. d. 13. Aug. 1768, starb d. 15. eiusd.	Georg Gottlieb Wilhelm, geb. d. 19. Aug. 1775.	Jakob Gottlieb Wilhelm, geb. 1776 d. 20. Nov. starb 1777 d. 18. Merz.
Maria Hedwig, geb. d. 22. Aug. 1769.	Helena Jakobina, geb. d. 16. Sept. 1770.	Maria Magdalena Katharina, geb. d. 24. Nov. 1777.	Jakob. Kathar. Helena, geb. d. 21. Nov. 1778, starb d. 19. Dec. d. J.
Susanna Maria, geb. d. 30. Nov. 1771.	Helena Katharina, geb. d. 28. Jan. 1773.	Johann Wilh. Sigmund Thomas, geb. d. 3. Sept. 1780, st. d. 30. Jan. 1781.	Christoph Gottlieb Wilhelm, geb. d. 18. Jul. 1782, starb d. 25. Merz 1783.
Friedrich Wilhelm Karl, geb. den 23. Merz 1774.	Helena Susanna Wilhelmina, geb. d. 27. Maii 1775, st. d. 18. Aug. 1776.	Helena Kath. Susanna, geb. d. 23. Jan. 1784, starb d. 23. Merz 1785.	Jobst Gottl. Wilhelm, geb. d. 14. Jul. 1785, starb den 9. Oct. d. J. *Wilhelmine*

Sophia Maria Katharina, geb. d. 29. Jul. 1786.
Anna Catharina Maria n. 20 Apr. 1788.

Fortgesetztes Geschlechtsregister der Herren Harsdörfer von Enderndorf.

f. Biedermann Tab. CLX

Jobst Christoph Harsdörfer von Fischbach zu Enderndorf, ward Stadtgerichts-Assessor 1753, Senator 1759, Rugsherr 1763, Landpfleger 1767, alter Bürgermeister 1768, Waldherr und Deput. zum Appellationsgericht 1774, vorderster Landpfleger und Verwalter der geistlichen Güter auf dem Land d. 22. Merz 1786, starb d. 8. Maii dieses Jahrs.

Gem. 1. Maria Juliana Fürerin von Haimendorf, starb 1753 d. 4. Jul.
2. Philippina Jacobina, Joh. Jak. Hallers von Hallerstein, Stadtgerichtsassessors und Helena Regina Fürerin von Haimendorf Tochter, geb. 1723 d. 19. Nov. verm. d. 1. Oct. 1754.

1.	1.	1.
Christoph Sigm. geb. 1746 d. 8. Jun. starb 1747 d. 16. Sept.	Maria Helena, geb. 1747 d. 11. Oct. Gem. Carl Friedrich Behaim von Schwarzbach, Senator und Rugsherr, geb. 1747 d. 30. Oct. verm. 1771 d. 14. Maii.	Carl Christ. Sigm. geb. d. 16 Apr. 1749, starb 1754 d. 10. Jun.

Carl Christoph Sebastian, geb. d. 2. Nov. 1751, ward Assessor am Land- und Bauerngericht 1773, Senator und alter Genannter 1775, junger Bürgermeister 1782, Rugsherr 1786.
Gem. Maria Hedwig Sophia, Christoph Carl Kreßen von Kreßenstein, Triumvirs, Kriegsobristen u. a. m. und Sophia Maria Kreßin von Kreßenstein, Tochter, geb. 1756 d. 13. Nov. verm. 1774 d. 22. Aug.

Sigmund Christoph, geb. d. 21. Jan. 1757, Assessor am Land- und Bauerngericht 1780, am Untergericht 1785, am Stadt- u. Ehegericht 1786, Senator 1787.
Gem. Helena Catharina, Christoph Carl Sigmund Holzschuhers von Harrlach, Senators, Scholarchens, Appellat. und Waldherrn, u. Susanna Maria Scheurlin von Defersdorf, Tochter, geb. 1760 d. 26. Merz, verm. d. 14. Dec. 1779.

Maria Hedw. Dorothea, geb. d. 6. Febr. 1777.	Christoph Carl, geb. d. 13. Jun. 1778.	Jobst Christoph Carl, geb. d. 23. Apr. 1781.	Maria Charlotta Susanna, geb. d. 28. Apr. 1784.
Jobst Christoph, geb. d. 9. Maii 1780.	Joh. Carl Friedr. Christoph, geb. d. 24. Jan. 1783.	Philippina Jacob. Theresia, geb. d. 22. Sept. 1785.	Maria Hedwig Sophia, geb. d. 25. Aug. 1787.
Juliana Maria Carolina geb. 9 April 1789.		Maria Helena Friderica geb. 20 July 1789.	

Bemerkungen zu Biedermann Tab. CLXIV.

Sigmund Christoph Harsdörfer, geb. 1680, ward noch Deputat. zum Fränk. Kreißconvent, Pfleger der Wendelschen 12 Brüderstiftung, Zinsmeister, und starb als Septemvir d. 7. Nov. 1759.

Seine ältere Tochter, Maria Jacobina, geb. 1724 d. 23. Febr. starb 1751 d. 20. Mail. Ihr Ehemahl war Ehrenfried Christian Heinrich Hofer von Lobenstein, Freyherr auf Wildenstein, Neustädtlein und Röttes, bey dem Fränk. Kreiß, General Feldzeugmeister Baron Gudenus Infanterie-Regiment Hauptmann, geb. d. 16. Febr. 1716, gestorben als Obrist 1782 d. 5. Sept. nachdem er sich mit Maria Magd. Fürerin von Haimendorf 1756 d. 11. Aug. vermählt gehabt.

Seine jüngere Tochter, Helena Clara, geb. 1735 d. 13. Nov. ist vermählt seit d. 6. Sept. 1757 an Sigmund Christoph Ferdinand von Praun, vermahlin Richter in Wöhrd, geb. d. 19. Oct. 1731.

Zu Tab. CLII.

Susanna Jacobina Harsdörferin war vermählt an Georg Carl von Wöltern, verschiedener Fürsten und Stände des Reichs, auch der Republik Nürnberg vorderßten Rath, und Procanzler der Univ. Altdorf, geb. d. 5. Aug. 1660, verm. d. 16. Nov. 1706, starb d. 19. Nov. 1723.

Zu Tab. CLV. A.

Maria Barbara Harsdörferin, vermählt an Christoph Albrecht Haller von Hallerstein, starb als Wittib 1752 d. 8. Sept.

Zu Tab. CLVII.

Maria Rosina Harsdörferin, ward d. 1. Oct. 1623 an D. Georg Abraham Merklein, Hoch- und Deutschmeisterischen Rath und Leibarzt, auch Phys. ord. zu Nürnberg, vermählt, welcher d. 19. Apr. 1702 gestorben. Seine erste Gemahlin war Esther Juliana, Carl Nützels von Sündersbühl, des innern Raths allhier, Tochter.

Zu Tab. CLIX.

Die zweyte Tochter Christoph Andreas Harsdörfers hieß nicht Maria Theresia, sondern Christina, und starb als Johann Carl Ebners von Eschenbach Wittwe 1772 d. 20. Mai.

Fortgesetztes Geschlechtsregister der Herren Pömer von Diepoltsdorf.
s. Biedermann Tab. DLXXIX.

Johann Friedrich Pömer, Pfleger zu Hersbruck, starb 1745 d. 25. Jul. Seine Witwe 1757 d. 7. Oct.

Helena Regina Eleonora, geb. 1706 d. 22. Merz, starb d. 24. Febr. 1776.	Georg Friedrich, geb. 1707 d. 14. Oct. Assessor am Untergericht, starb 1748 d. 7. Jun. Gem. Susanna Barbara Winklerin v. Mohrenfels, verm. 1733 d. 23. Sept. starb 1761 d. 11. Mau.	Anna Maria, geb. 1710 d. 31. Jul. Gem. David von Scheidlin, verm. b. 3. Apr. 1753, starb 1767 d. 19. Febr.
Susanna Barbara, geb. 1735 d. 16. Jun. Gem. Carl Gust. Fürer von Haimendorf, Unschlittamtmann, geb. d. 9. Mail 1725, verm. d. 16. Aug. 1758, starb d. 13. Maii 1779.		Hans Joach. Friedrich, geb. 1737 d. 18. Mai, starb in hiel. Kriegsdiensten 1772 d. 28. Nov.	Maria Magdalena, geb. 1741 d. 10. Sept.

Maria Helena, geb. 1712 d. 24. Jan. starb 1753 d. 11. Jan. Gem. Hans Joach. Haller von Hallerstein, Landpfleger, geb. 1695, verm. 1729 d. 18. Jan. starb 1748 d. 6. Dec. Christoph Jacob. geb. 1717 d. 24. Jul. ward Senator 1752, und starb als Oberlandpfleger d. 24. Nov. 1781. Gem. I. Susanna Catharina, Joh. Sigm. Löffelholz von Colberg, General-Majors von der Cavallerie beim Fränk. Kreis und Pflegers zu Lichtenau, und Susf. Eleonora Kreßin von Kreßenstein Tochter, geb. d. 9. Nov. 1706, verm. d. 27. Apr. 1751, starb den 5. Jul. 1755. II. Johanna Friderica, Balth. Friedr. von Hartung, Kön. Poln. und Kursächs. Bergraths, und Sab. Marg. v. Morhardt, Tochter, geb. d. 5. Nov. 1719, verm. d. 4. Maii 1756.	Barbara Sabina, geb. 1714 d. 6. Jan. Gem. Georg Christ. Gietlieb im Hof von Ziegelstein, vermählt 1743 d. 22. Oct. starb als Septemvir und Kriegs-Obrist den 30. Nov. 1768.
	Maria Helena, geb. 1720 den 16 Jun. Gem. Gottl. Wilh. Möck, Obrist beim Gen. Feldmarschall Duelsb. Regiment, auch Commendant u. Pfleger zu Lichtenau, geb. 1721 d. 4. Aug.	Catharina Maria, geb. 1724 d. 6. Jan. Gem. Christ. Gottl. Wilhelm Fürtenbach v. Reichelschwand, geb. 1732 den 2. Nov. verm. d. 8. Oct. 1778. starb 1782 d. 14. Maii.

2 Helena Jacob. Friderica, geb. 1757 d. 31. Jan. starb d. 5. Merz 1760.	2 Maria Anna Friderica, geb. 1759 d. 5. Jan. starb 1760 d. 24. Febr.	Helena Jacob. Friderica Theodosia, geb. d. 2. Apr. 1760. Gem. Christoph Carl Christ. Fürer von Haimendorf, vermahlen Prem. Lieutenant unter dem v. Schertel Fränk. Kreis Infant. Regiment, geb. 1749 d. 14. Maii, verm. 1777 d. 14. Oct.

Fortgesetztes Geschlechtsregister der Herren Pömer von Diepoltsdorf.

f. Biedermann Tab. DLXXXIV.

Georg Wilh. Pömer von Diepoltsdorf, geb. 1713 d. 29. Maii, war K. K. Hauptmann beim hochf. Baireuth. Infant. Regiment, nahm 1755 seinen Abschied, und ist dermahlen Aeltester seines Geschlechts.
Gemahlin: Regina Maria, joh. Wilh. von Pömer, und Clara Maria Freyin Eichlerin von Aurlz Tochter, geb. 1717 d. 23. Jun. verm. 1734 d. 24. Nov. starb 1782 d. 26. Maii.

Georg Wilhelm, geb. 1735 d. 28. Sept. seit 1763 hochf. Brandenb. Onolzb. Kammerherr und Rittmeister von der Leibgarde.

Georg Friedrich Wilhelm, geb. 1742 d. 21. Jun. 1778 Prem. Lieutenant bei dem v. Oelhaf. Infant. Regiment, 1782 Senator und alter Genannter, 1786 junger Bürgermeister.
Gemahlin: Anna Lucia Helena, Sigm. Pfinzings v. Henfenfeld, Septemvirs und Oberlandpflegers, und Barbara Helena Rützlin v. Sündersbühl, Tochter, geb. 1737 d. 23. Aug. verm. d. 12. Dec. 1767.

Georg Anton Ullrich, geb. 1737. d. 5. Merz, Kön. Preuß. Prem. Lieutenant beim Treskow. Infant. Regiment, starb 1772 d. 6. Febr.

Georg Carl Wilhelm, geb. 1738 d. 28. Dec. starb als Prem. Lieutenant unter dem von Cronegl. Kreiß Infant. Regiment 1771 d. 21. Oct.

Sophia Maria, geb. d. 31. Maii 1744.

Sophia Philippina, geb. 1747 d. 26. Sept.
Gemahl: Paul Carl Löffelholz von Colberg, Prem. Lieutenant bei des Fränk. Kreises, hochf. Anspach. Dragoner Regiment, geb. 1751 d. 26. Apr. verm. 1778. d. 28. Aug.

Georg Carl Wilhelm, geb. den 21. Nov. 1768.

Karl Georg Alexander, geb. d. 16. Jul. 1777.

Fortgesetztes Geschlechtsregister der Herren Pömer von Diepoltsdorf.
f. Biedermann Tab. DLXXXIX. A.

Georg Friedrich Pömer starb als Triumvir und Kirchenpfleger d. 1. Febr. 1774. und vor ihm seine zweite Gemahlin, Clara Maria Regina Oelhafin von Schöllenbach, 1756 d. 28. Mai.

1	2	2	2
Georg Christoph Friedrich, geb. 1742 d. 1. Dec. starb d. 11. d. M.	Anna Lucia Regina, geb. 1744 d. 19. Jun. starb 1762 d. 31. Dec.	Georg Carl Christoph, geb. 1745 d. 13. Dec. starb d. 30. d. M.	Maria Hedwig, geb. 1747 d. 19. Mai, starb d. 8. Jun. d. J.
2	2	2	2
Anna Catharina Helena, geb. 1748 d. 22. Mai, starb d. 22. Jan. 1751.	Georg Christoph, geb. 1749 d. 30. Jul. starb d. 15. Sept. d. J.	Georg Stephan, geb. 1751 d. 6. Oct. starb nach vollbrachten Studien und Reisen d. 25. Febr. 1774. Anna Catharina, geb. d. 20. Jul. 1754, starb d. 15. Apr. 1756.	Maria Helena, gebohren und gestorben 1753.

Einzelne Bemerkungen zu Tab. DLXXXIII. A.
Georg Jacob Pömers Witwe, Cath. Eleon. Ebnerin von Eschenbach, vermählte sich an Adam Rudolph Geuder von Heroldsberg, Septemvir und Kirchenpfleger 1741 d. 17. Apr. und starb als Wittib 1752 d. 2. Sept.
Zu Tab. DLXXXVI. A.
Georg Friedrich Pömers Witwe, Maria Magd. Roagenbachin von Oedenreuth, starb d. 19. Dec. 1752.
Zu Tab. DLXXXVII.
Sabina Regina Pömerin, Carl Siam. Ferd. Grundherrs von Altenthann Witwe, starb d. 21. Jan. 1778.
Anna Lucia Pömerin, Christoph Friedr. Oelhafens von Schöllenbach Witwe, starb 1775 d. 9. Apr.
Zu Tab. DXC. A.
Maria Barbara Pömerin, Christoph Andr. im Hofs von Helmstatt, Gemahlin starb 1776 d. 30. Oct.
Georg Stephan Pömers Witwe, Maria Elis. Küterin von Hannendorf, starb 1750 d. 12. Oct.
Zu Tab. DXC. D.
Maria Sabina Pömerin, Georg Wilhelm Holzschubers von Aspach, Gemahlin starb d. 9. Oct. 1773, Er 1776 d. 11. ..tr.
Carl Wilh. Pömer, Fam. Senior, starb ledig 1777 d. 28. Oct.

Fortgesetztes Geschlechtsregister der Herren Volkamer von Kirchsittenbach.

s. Biedermann Tab. DXXXVIII.

Friedrich Wilhelm Volkamer von Kirchsittenbach, geb. d. 9. Aug. 1673, übernahm 1715 die Administration der Tetzel. Stiftung, und ward 1719 Stadthauptmann, 1725 Stadtmajor, 1737 Obristlieutenant, und starb als Senior seines Geschlechts 1740 d. 13. Mait. Gem. Maria Theres. Marg. Magdalena, Joseph Marquis de Fouxette, Procureur general de France, und Margaretha Capons de Parein Tochter, geb. 1695 d. 30. Sept. verm. 1713 d. 05. Nov. starb 1756 d. 6. Jun.

Juliana Dorothea Theresia, geb. d. 6. Apr 1717, gieng als Klosterfrau nach Eichstädt, und starb 1745 d. 24. Jan.

Georg Christoph Gottlieb, geb. d. 2. Febr. Apell am Land und Bauerngericht 1755, am Stadtgericht 1759, Pfleger des Stadtalmosenamts 1764, Kastner des Landalmosenamts 1772, starb d. 9. Jan. 1773.
Gemahlin: Barbara Sabina, Just. Jac. von Hagen, Brandenb. Culmbach. Hofkammerraths, auch Fränk. Kreis-Rechnungsraths, und Anna Maria Kriyin von der Obern Bürg, Tochter, geb. d. 9. Jan. 1725, verm. d. 7. Mail 1754; hat sich zum ziemmal an Johann Georg von Scheiblin d. 2. Aug. 1773 vermählt.

Friedrich Gottlieb Wilhelm, geb. 1718 d. 25. Mail, Fähndrich allhier 1735, resignirte, gieng nach Venedig, und starb allda als Major 1746.

Isaac Johann Daniel, geb. d. 26. Oct. 1728, starb als Dragoner Lieutenant 1758 d. 7. Mail.

Clara Anna Theresia, geb. 1732 d. 19. Aug. gieng 1741 ins Kloster nach Würzburg und starb als Ursulinerin d. 31. Aug. 1781.

Karl Friedrich, geb. d. 15. Apr. 1734, ward 1746 Page in Kön. Preuß. Diensten, 1752 Fähndrich beim bochf. Leibegiment zu Baireuth, 1755 Lieutenant, 1762 Hauptmann und erster Adjutant; 1772 kam er als ältester Capitän unter das v. Schlammersdorffische Grenadir-Bataillon nach Anspach, ward 1774 wirkl. Kammerherr, resiquirte 1777, und ward 1781 allhier Senator und Burgermeister, 1784 Alter Genannter, starb 1786 d. 11. Nov.
Gemahlin: Sibylla Güntherin von Weigelshof, Johann Wolfg. Günthers, Marktsvorstehers und Assessors am Bancogericht, und Anna Magdalena Meyerlin, Tochter, geb. d. 22. Jan. 1734, verm. d. 15. Jul. 1777.

Friedr. Georg Wilh. Joseph, geb. 1723 d. 17. Apr. starb als Lieutenant in hies. Diensten 1756 d. 9. Aug.

Andreas Georg, geb. 1730. Von ihm siehe die folg. Tabelle.

Jacobina Frid. Sophia, geb. d. 6. Jun. 1755.

Maria Frid. Wilhelmine, geb. d. 1757 d. 11. Apr.

Clara Frid. Sophia, geb. d. 11. Dec. 1760, starb 1783 d. 10. Sept.

Georg Christoph Gottlieb, geb. d. 9. Apr. 1762.

Catharina Helena, geb. d. 7. Mail 1764, st. d. 13. Apr. 1767.

Fortgesetztes Geschlechtsregister der Herren Volkamer von Kirchensittenbach.

Andreas Georg Volkamer von Kirchensittenbach auf Thumnenberg, geb. 1730 d. 25. Sept. Assessor am Land- und Bauerngericht 1756, am Stadt und Ehegericht 1764, Pfleger und Kastner des Landalmosamts 1773, starb d. 28. Jun. 1776.
Gem. Clara Frider. Regina, Joh. Paul Dilherr von Thumnenberg, Amtmanns der Wein-Niederlagen und Kaufkeller, und Christina Sophia Fetzerin von Buschschwabach, Tochter, geb. d. 4. Jul. 1740, verm. d. 12. Aug. 1755.

Christiana Theresia, geb. d. 1. Febr. 1756, starb. d. 11. Febr. d. J.

Johann Jacob Philipp Gottlieb, geb. d. 2. Sept. 1757, Assessor am Land- und Bauerngericht 1787.
Gem. Johanna Sophia Friderika, Christoph Friedrich, Freyherrn von Aufseeß, Herrn von Plankenstein, Schnackenwörth und Zochenreuth, Hochf. Baireuth. Kammerherrn, Oberforstmeisters etc. u. Margaretha Becklin von Langenzenn, Tochter, geb. d. 10. Aug. 1762, verm. d. 18. Sept. 1786.

Georg Friedrich, geb. d. 16. Jun. 1758, starb den 16. Aug. 1759.

Johann Georg Friedrich, geb. d. 9. Aug. 1759, Assessor am Land- u. Bauerngericht 1785, am Untergericht 1786, am Stadt- u. Ehegericht 1787.
Gem. Maria Sabina Wilhelmine, Christ. Sigm. Holzschuhers von Hartlach, nunmehr Senators, und Maria Salome Pfinzingin von Henfenfeld, Tochter, geb. 1764 d. 5. Apr. verm. d. 30. Jun. 1784.

Catharina Helena, geb. den 13. Sept. 1762, starb 1763.
Catharina Helena, geb. den 24. Dec. 1763.
Maria Anna, geb. den 29. Jul. 1765.
Helena Frider. Jacobina, geb. 1767 d. 25. Apr.

Carl Friederich Wilhelm, geb. d. 2. Jul. 1785.
Georg Friedr. Wilhelm, geb. 1786 d. 5. Oct. starb d. 14. Sept. 1787.

Johann Georg, geb. d. 17. Apr. 1770, starb d. 3. Jan. 1771.
Anna Maria Johanna, geb. d. 28. Oct. 1773.

Barbara Sabina, geb. d. 17. Jun. 1771, starb d. 9. Mail 1772.
Carl Friedr. Wilhelm, geb. d. 19. Oct. 1774, starb d. 1. Mail 1776.

Carl Friedr. Andreas, geb. d. 16. Jun. 1772, starb d. 16 Mail 1774.
Lazarus Carl, geb. 1776 d. 13. Apr. starb den 29. Jun. d. J.

Bemerkungen zur 535. Tabelle im Biedermann.

Georg Christoph Volkamer starb 1753 d. 19. Mail, und mit ihm erlosch die Sebalder Hauptlinie. Seine erste Gemahlin, Sus. Maria v. Scheurl, starb d. 20. Jul. 1751. Dann vermählte er sich mit Helena Jacobina v. Löffelholz 1752 d. 16. Mail, welche als Wittwe 1786 d. 18. Jun. starb.

Catharina Helena von Volkamer starb 1767 d. 14. Jun.

Fortgesetztes Geschlechtsregister der Herren Volkamer von Kirchensittenbach.
s. Biedermann Tab. DXXXIX.

Christoph Gottlieb Volkamer, Reichsschultheiß, vorderster Losunger u. a. m. starb d. 24. Nov. 1752.

Maria Philippina, geb. d. 10 Dec. 1704, starb 1758 d. 10. Aug. **Clara Maria,** geb. **Georg Friedrich,** geb.
Gem. Christoph Carl Kreß v. Kreßenstein, Pfleger zu Engelthal, 1705, starb 1709. d. 11. Dec. 1707, starb
geb. 1697 d. 4. Nov. verm. d. 23. Oct. 1723, st. b. 23. Apr. 1754 d. 15. Jan. 1709.
Adam Gottlieb, geb. d. 25. Febr. 1711, starb **Johann Christoph,** geb. den 25. Febr. 1711, starb den 15.
den 24. Maii 1720. Merz 1753.
Johann Burkhard, geb. d. 8. Merz 1713, Assessor am Untergericht 1737, Amtmann des Walds Sebaldi 1742,
des Walds Laurenti, und Commendant der beiden Bürgercompagnien zu Pferd 1751, wohnte 1742, 1745 und
1764 in Begleitung der Nürnberg. Krongesandtschaft den 3 Kaiserkrönungen Karls VII. Franzens und Josephs II.
bey, und ward von des letztern Maj. zum Ritter des h. röm. Reichs geschlagen, legte d. 10. Sept. 1783 sein Amt
nieder, nachdem er der hiesigen Republik in die 47 Jahre gedient, und in nochmahligen Abordnungen gebraucht
worden, lebt dermahlen als Senior seines Geschlechts. † 7 Mart. 1791.
Gem. **Maria Anna,** Siam. Frieder. Behaim von Schwarzbach, des h. röm. Reichs Ritters, Septemvirs und
Kriegsraths, und Anna Maria Fürerin von Haimendorf, Tochter, geb. d. 7. Nov. 1715, verm. d. 19. Merz 1737,
gest. 17'8 d. 8. Nov.

Anna Maria, geb. d. 21. Merz 1738, starb im Kindbett d. 14. **Christoph Gottlieb** **Carl Friedrich,** geb. den
Febr. 1776. **Emanuel,** geb. den 12. Merz 1741, starb den
Gem. Friedrich Wilhelm Carl Tucher von Simmelsdorf, 26. Maii 1739, starb 8. Febr. 1746.
Landpfleger, Wald- und Appellationsgerichtsherr, geb. d. 12. d. 30. Merz 1743.
Aug. 1736, verm. d. 12. Oct. 1761.
Maria Anna, geb. **Hans Carl,** geb. d. 3. Nov. **Maria Philippina,** geb. d. 18. Merz 1746. **Sophia**
d. 14. Sept. 1742, 1744, Assessor am Land- und Gem. Job Albrecht Andreas Adam Volkamer **Maria,**
starb den 25. Jul. Bauerngericht 1773, starb v. Kirchensittenbach auf Tennenlohe, Senator, geb. geb. d. 10.
1742. ledig d. 5. Maii 1776. 1748 d. 24. Nov. verm. d. 19. Merz 1776. Jun. 1747.
Helena Maria, geb. d. 7. Jun. 1748. **Christoph Adam** **Johann Sigmund** **Susanna Maria,** **Anna Maria,**
Gem. Johann Friedrich Christian **Friedrich.** Siehe Gabriel, geb. d. 8. geb. den 16. Merz st. d.
Muniboll von Kirchenreinbach, Kur- die folgende Ta- Febr. 1751, starb 1753, starb d. 1. 19. August
pfalz. Regierungsrath in Sulzbach, belle. d. 2. Apr. 1754. Apr. 1754. 1757.
geb. d. 4. Oct. 1735, verm. d. 14. Jan.
1782.

Fortgesetztes Geschlechtsregister der Herren Volkamer von Kirchsittenbach und Rasch.

Christoph Adam Friedrich Volkamer von Kirchensittenbach auf Rasch, geb. d. 10. Dec. 1749, Assessor am Land- und Bauerngericht 1773, am Untergericht 1776, am Stadt- und Ehegericht 1778, Vertreter des Waldamts Sebaldi d. 5. Jun. 1775, Waldamts Adjunct d. 28. Nov. 1783, Rittmeister bey der Bürger Cavallerie d. 27. Dec. 1783, Oberamtmann des Walds Laurentii und des befreiten Kais. Forst- und Feldgerichts Oberrichter den 11. Aug. 1784.

Gem. 1. Helena Jacobina, Carl Christoph Oelhafen von Schöllenbach, Oberamtmanns des Sebalderwalds, und Clara Jacobina Pellerin von Schoppershof, Tochter, geb. d. 11. Apr. 1756, verm. d. 12. Apr. 1774, starb d. 7. Febr. 1786.

2. Catharina Helena, Hanns Joachim Wilhelm Scheurl von Defersdorf, Stadt- und Bannrichters, und Helena Susanna Löffelholzin von Colberg, Tochter, geb. 1754 d. 13. Sept. verm. d. 28. Maii 1787.

1.

1. Carl Christoph Friedrich, geb. d. 30. Apr. 1776, starb d. 27. Jan. 1782.

1. Johann Burkhart Friedrich, geb. d. 20. Jul. 1777.

1. Georg Christoph Friedrich, geb. d. 10. Nov. 1778.

1. Anna Catharina Friderica, geb. den 29. Merz 1780.

1. Helena Maria Friderica, geb. d. 18. Dec. 1781.

1. Carl Wilhelm Friedrich, geb. d. 14. Febr. 1784.

1. Johann Albrecht Friedrich, geb. d. 30. April 1785, starb d. 8. Maii d. J.

Fortgesetztes Geschlechtsregister der Herren Volkamer von Kirchensittenbach.

s. Biedermann Tab. DXLI.

Jacob Gottlieb Rudolph Volkamer von Kirchsittenbach und Tennenlohe, geb. d. 31. Jul. (nicht 1719, sondern) 1710, Assessor am Land- und Bauerngericht 1739, am Stadt- und Ehegericht 1749, Senator und jüngerer Bürgermeister 1752, Landpfleger und Kreisgesandter 1763, Septemvir 1774, Administrator der Tetzelschen Stiftung 1754. Starb als Senior seines Geschlechts d. 23. Jun. 1780.
  Gem. Maria Anna, Christoph Jacob Peßlers von Schoppershof, und Anna Sophia Löffelholzin von Colberg, Tochter, geb. d. 26. Jul. 1721 verm. d. 20. Aug. 1737, starb d. 1. Febr. 1778.

Adam Rudolph Jacob, geb. den 27. Jun. 1738, starb d. 9. Oct. 1740.	Maria Sophia, geb. d. 11. Sept. 1739, starb d. 13. d. M.	Maria Sophia Anna, geb. und gest. d. 27. Jun. 1740.	Magdalena Christina, geb. d. 10. Jul. 1741. Gem. Sigm. Ferd. Wilhelm Austenbach von Reichenschwand, Hauptmann unter dem von Eberekischen Kreisregiment, geb. d. 15. Merz 1742, verm. den 19. Febr. 1782.
Maria Magdalena Anna, geb. d. 5. Aug. 1744. Gem. Johann Georg Haller von Hallerstein, des Fränk. Kreises Obristlieutenant und General Adjutant, auch Pfleger zu Herspruck, geb. d. 27. Merz 1723, verm. d. 7. Nov. 1769.			
Georg Gottl. Wilhelm, geb. d. 3. Merz 1747, starb d. 12. d. M.	Johann Albrecht Andreas Adam. Von ihm siehe die folgende Tabelle.	Anna Maria Clara, geb. d. 11. Nov. 1750, starb d. 31. Merz 1757.	Maria Jacobina, geb. d. 6. Dec. 1753, starb d. 8. Dec. d. J.
Johann Siegmund, geb. d. 5. Oct. 1755, starb den 29. Sept. 1756.	Maria Anna, geb. d. 21. Dec. 1757. Gem. Gottlieb Sigmund Kreß von Kressenstein, Assessor am Untergericht, geb. 1757 d. 15. Nov. verm. d. 17. Nov. 1782.	Carl Gottlieb, geb. d. 17. Sept. 1759, starb den 12. Merz 1760.	Christoph Carl Gottlieb, geb. d. 14. Febr. 1762, starb d. 2. Merz 1763.

Johann Albrecht Andreas Adam Volkamer von Kirchensittenbach und Tennenlohe, geb. d. 24. Nov. 1748, ward Assessor am Land- und Bauerngericht 1773, am Untergericht 1774, am Stadt- und Ehegericht 1776, des innern geheimen Raths und Alter Genannter 1783, Burgermeister 1785.
Gem. Maria Philippina, Johann Burkhart Volkamers von Kirchensittenbach, Oberamtmanns des Waldes Laurentii, und Maria Anna Gebaimin von Schwarzbach, Tochter, geb. d. 18. Merz 1746.

Maria Sophia, gebohren und gestorben den 24. Aug. 1780.	Maria Wilhelmina Magdalena, geb. d. 15. Febr. 1782. starb d. 16. Sept. 1786.	Maria Johanna Anna, geb. d. 11. Jul. 1783.
Maria Sophia Friderica, geb. d. 15. Aug. 1785, starb d. 15. Merz 1786.	Magdalena Wilhelmina Philippina, geb. d. 20. Merz 1787.	

Catharina Helena
Frieder. n. 27 Jul 1788.

Bemerkung zur 541. Tabelle im Biedermann.

Johann Carl Volkamer, geb. 1720 d. 9. Merz, Fähndrich allhier 1741, starb d. 1. Nov. 1760.

Fortgesetztes Geschlechtsregister der Herren Volkamer von Kirchensittenbach.

f. Biedermann Tab. DXLIII.

Christoph Carl Joseph Volkamer von Kirchensittenbach und Reichelsdorf, geb. d. 19. Merz 1716, Umgeldamtmann d. 15 Maii 1751, Senator und Alter Genannter 1754, jüngerer Bürgermeister 1757, Baumeister 1763, alter Genannter 1764, starb d. 2. Jan 1783.
Gem. 1. Helena Maria, Joh. Paul Tucker von Simmelsdorf, Senators, und Maria Helena Pellerin, Tochter, geb. 1722, verm. 1741 d. 17 Oct. starb d. 7. Oct 1753
2. Maria Philippina, Johann Paul Rurer von Haimendorf, Ammanns des Ochsen und Unschlittamts, und Sabina Praunin, Tochter, geb. d. 18. Jun. 1727, verm. d. 17. Sept. 1754. starb 1787 d. 24. Nov.

1.
Helena Maria, geb den 11. Jul. 1743. starb den 2. Oct. d. J.

1.
Susanna Regina Helena, geb. d. 11. Jul. 1744. starb d. 12. Jan. 1769.
Gem. Sigmund Elias Holzschuher von Harrlach, Stadtalmospfleger, geb. d. 20. Febr. 1744, verm. d. 15. Sept. 1767.

1.
Sibylla Eleonora Maria, geb. d. 22. Dec. 1745, starb d. 30. Jan. 1748.

1.
Jakob Karl Rudolph, geb. d. 17. Sept. 1747. starb d. 7. Jul. 1748.

1.
Johann Karl Sigmund, geb. d. 27. Febr. 1749, starb d. 1. Jul. d. Jahr.

2.
Johann Paul Carl, s. die folg. Tabelle A.

2.
Maria Helena Philippina, geb. 1756 d. 10. Sept.

2.
Maria Magdalena, geb. d. 1. Oct. 1757, starb d. 12. Febr. 1758.

2.
Louisa Wilhelmina, geb. d. 30. Oct. 1758.

2.
Christoph Friedrich Carl, s. d. folg. T. B.

2.
Jobst Wilhelm, gebohr. u. gestorben 1766 d. 27. Aug.

A.

Johann Paul Carl Volkamer von Kirchensittenbach und Reichelsdorf, geb. d. 21. Aug. 1755, Assessor am Land- und Bauerngericht 1779, am Untergericht 1783, am Stadt- und Ehegericht 1786, Senator 1787.

Gemahlin: Susanna Maria Helena, Sigmund Friedrich Kesselholz von Colberg und Hörelsbach, des innern gehennen Raths und Alten Genanten, und Maria Helena Harsdorferin von Enderndorf, Tochter, geb. d. 7. Dec. 1755, verm. d. 28. Sept. 1779.

Ein todtgebohrnes Töchterlein, d. 27. Aug. 1780.

Maria Philippina Carolina, geb. d. 23. Sept. 1781.

Sigmund Friedrich Carl, geb. d. 17. Merz 1783.

Jobst Christoph Sigmund, geb. d. 1. May 1785, gest. 1787. den 21. Apr.

B.

Christoph Friedrich Carl Volkamer von Kirchensittenbach und Reichelsdorf, geb. d. 24. Jan. 1761.

Gemahlin: Maria Barbara Wilhelmina, Christoph Andreas IV. im Hof von Markt Helmstatt, des innern geheimen Raths und jüngern Burgermeisters, und Maria Magdalena Löffelholzin von Colberg und Siblzenhof, Tochter, geb. d. 8. Apr. 1766, verm. d. 7. Dec. 1784.

Maria Philippina Friderica, geb. d. 14. Febr. 1786.

Fortgesetztes Geschlechtsregister der Herren Oelhafen von Schöllenbach.

f. Biedermann Tab. CCCLI.

Carl Christoph Oelhafen von Schöllenbach auf Eismannsberg, Ruprechtstein und Neukirchen, geb. 1709 d. 16. Febr. ward 1748 Pfleger zu Gräfenberg, 1764 Amtmann des Walds Sebaldi, 1751 Fam. Senior und beeder Stiftungen Administrator, acquirirte mit seinem Bruder und Vettern 1782 Ruprechtstein und Neukirchen, und starb, nachdem er sich um das Forstwesen und durch Schriften viele Verdienste erworben hatte, 1785 d. 19. Jun. Gemahlin: I. Maria Sab. Welserin von Neunhof, starb 1754 d. 9. Sept. II. Clara Jacobina, Christ. Juc. Pellers von Schoppershof, Amtmanns der obern Waag, und Helena Jacob Dörrerin von der Untern Bürg, Tochter, geb. 1718 d. 4. Maii, verm. d. 16. Febr. 1755.

1.	1.	2.
Johann Wilhelm Carl Christoph. Von ihm f. die folg. Tabelle.	Maria Helena, geb. zu Welden 1737 d. 17. Aug. starb 1741 d. 1. Febr.	Clara Helena Jacobina, geb. den 11. Apr. 1756, starb den 8. Febr. 1786. Gemahl: Christoph Adam Friedrich Volkamer von Kirchensittenbach und Rasch, Amtmann des Lorenzerwaldes, geb. 1749 d. 9. Dec. verm. 1774 den 12. Apr.
2. Georg Christ. Gottfried, geb. d. 27. Dec. 1757, starb d. 20. Maii 1758.	2. Clara Sophia, geb. 1762 d. 16 Maii, st. 1764 den 21. Dec.	
Christoph Carl, geb. d. 4. Jun. 1764, kam ins Land und Bauerngericht 1787. Gem. Catharina Eleon. Carolina, Christ. Gottl. Wilh. von Kurtenbach auf Reichenschwand, und Marg. Clara von Scheidlin, Tochter, geb. 1765. d. 2. Nov.		

Christoph Carl Gottlieb, geb. d. 4. Nov. 1787.

Johann Wilhelm Christoph Carl Oelhafen von Schöllenbach, Eißmannsberg, Ruprechtstein und Reukirchen, geb. 1735 d. 10. Jul.
Gemahlin: Sara Johanna Sabina, Joach. Sigm. Grundherrn von Altenthann und Sara Joh. Sabina von Wilke, Tochter, geb. 1740 d. 1. Jan. verm. 1760 d. 8. Jul.

| Maria Helena Johanna, geb. den 23. Jul. 1761. Gemahl seit 1786 Franz Xaver, Baron von Karg auf Bebenburg und Kirchschlitten. | Georg Friedrich Joach. Carl, geb. den 30. Nov. 1762. | Juliana Barbara Carolina Johanna, geb. d. 21. Oct. 1764, starb d. 30. dieses Monats und Jahrs. |

Maria Anna Wilhelmina Christiana, geb. 1767. d. 4. Aug. starb d. 22. hernach.

Fortgesetztes Geschlechtsregister der Herren Oelhafen von Schöllenbach.

s. Biedermann Tab. CCCLIII.

Jacob Christoph Oelhafen von Schöllenbach, starb als Kurpfälzischer Truchses und Hofrath, dann Nürnbergischer Assessor am Untergericht d. 29. Sept. 1749. Seine Witwe vermählte sich 1758 d. 21. Nov. an Joh. Christ. Gugel von Diepoltsdorf, Stadt und Baurichter, welcher 1773 d. 5. Merz starb. Sie verließ die Welt 1787 d. 10. Febr.

Georg Christoph, geb. d. 22. Jan. 1748, kam ins Land und Bauerngericht 1769, ins Untergericht 1771, wurde Baurichter, Präses am Untergericht und Oberregistrator 1772, und 1773 Stadtgerichts Assessor, e. a. d. 6. Sept. Pfleger zu Reicenstein und Stierberg. Gemahlin I. Regina Eleonora, Philipp Ernst im Hof von Kaltbreuth, Hauptmanns zu Wöhrd, und Catharina Magd. Dietherrin von Anwanden, Tochter, geb. 1748 den 29. Jan. verm. d. 25. Jan. 1768, starb 1785 d. 20. May. II. Clara Regina, Carl Wilh. Scheurl von Defersdorf, Pflegers zu Engelthal, und Clara Mar. Eleonora Kressin von Kressenstein, Tochter, geb. d. 12. Aug. 1759 verm. d. 27. Jun. 1786.

Georg Christoph, geb. 1769. d. 17. May, Kurpfalz. Cadet zu Amberg.	Maria Hedwig Eleonora, geb. d. 29. Jul. 1770, st. 1772.	Georg Christoph Friedrich, geb. d. 24. Oct. 1771.	Paul Christoph, geb. den 6. April 1773.
Clara Wilh. Esther, geb. d. 4. Jun. 1774, st. d. 1. Dec. 1776.	Carl Christoph Wilhelm, geb. 1775 d. 11. Aug.	Carl Christoph Sigmund, geb. d. 14. December, 1776.	Christoph Wilhelm Friedrich, geb. d. 10 Merz, 1778, st. d. 23. Jul. 1787.
Joh. Christoph Sigmund, geb. d. 28. Jun. 1779, starb den 20. Oct. 1782.	Maria Magdalena Eleonora, geb. d. 31. Merz 1781, st. d. 19. Apr. hernach.	Christoph Jac. Adam Friedrich, geb. den 30. Jan. 1783.	Johann Christoph Carl, geb. d. 1. Apr. 1784.
Clara Maria Eleonora, geb. d. 13. Aug. 1787.	Anna Catharina Frider. Helena, nat. 1 Oct. 1788.		Gustav Christoph Gottlieb, nat. 16. Sept. 1789.

Fortgesetztes Geschlechtsregister der Herren Oelhafen von Schöllenbach.

Einzelne Bemerkungen zu Tab. CCCLI.

Christoph Elias Oelhafens, Pflegers zu Altorf, Witwe, geb. 1684 d. 2. Febr. starb 1753 d. 4. Aug.
Georg Christoph Oelhafen ꝛc. starb 1779 d. 3. Jul. als ältester Generalfeldmarschall-Lieutenant, nachdem er 1765 das Bareuthsche Fränk. Kreisregiment überkommen hatte.
Eleonora Regina, vermählte Grundherrin, starb 1759 d. 30. Jun.
Anna Catharina, ist seit d. 23. May 1758 an Christoph Friedrich Stromer von Reichenbach, Reichsschultheiß ꝛc. vermählt.

Zu Tab. CCCLV.

Christoph Friedr. Oelhafen, Richter zu Wöhrd, starb 1751 d. 24. Oct. Seine Witwe 1775 d. 10. Apr.

Zu Tab. CCCLXVII.

Rupert Maximilian Oelhafen starb 1748 d. 27. Oct. Seine Witwe, Clara Juliana Merklinin, geb. 1725 d. 3. Merz, vermählte sich 1749 d. 9. Dec. mit Adam Gottlieb Constantin von Schöppach, geb. 1718 d. 12. Febr. welcher 1787 als Major beim Hohenloh-Ingelfing. Regiment und Commendant der Caserne allhier gestorben ist. Seine ältere Tochter, Anna Maria Oelhafin, starb 1769 d. 6. Apr. Die jüngere Susanna Helena, ist 1748 d. 16. Apr. gebohren.

Zu Tab. CCCLXVI.

Susanna Regina Oelhafin, vermählte von Wölckern, starb 1760 d. 8. Oct.

Fortgesetztes Geschlechtsregister der Herren Peller von Schoppershof.

s. Biedermann Tab. CCCCXXXVII.

Christoph Jacob Peller von Schoppershof auf Kastenreuth, starb als Ober-Zoll- und Wagamtmann 1765 d. 1. Jun. Seine Witwe, Hel. Jacobina Dörrerin von der Untern-Bürg, verschied 1775 d. 22. Dec.

Clara Jacobina, geb. 1718 d. 4. Maii, starb 1788 d. 22. Merz.
  Gem. Carl Christoph Oelhafen von Schöllenbach ic. geb. 1709 d. 16. Febr. verm. 1755 d. 16. Febr. starb als Ober-Amtmann des Walds Sebaldi 1786 d. 13. Jun.

Clara Sophia, geb. 1724 d. 5. Nov.
  Gem. 1. Hans Jac. Friedr. Kreß von Kressenstein, starb als Richter des Amts und Markts der Vorstadt Wöhrd 1771 d. 20. Nov.
  2. Georg Marquard Muffel von Eschenau, Senator und alter Genannter, geb. 1715 d. 1. Jul. gest. 1784 d. 5. Jun.

Susanna Clara, geb. 1733 d. 16. Jun.
  Gem. Christoph Carl Kreß von Kressenstein, Amtmann des Ungeldamts, u. seit 1774 des innern Raths und Burgermeister, geb. 1727 d. 16. Merz, verm. 1759. d. 29. Maii.

Christoph Gottfried, geb. 1723 d. 16. Febr. ward zu den beiden Zoll- und Wagamtern Adjunct 1752, Amtmann in der untern Waag 1753, Zollamtmann 1765. Das übrige von ihm s. in der folg. Tabelle.

Johann Christoph, war seit 1775 Capitän-Lieutenant bei dem Fränk. Kreiß, starb 1777 d. 12. Jun.

Clara Esther, geb. 1728 d. 22. Jan.
  Gem. Joh. Wilhelm Ebner von Eschenbach, seit 1775 des innern Raths u. Burgermeister, geb. 1727 d. 30. Sept. verm. 1756 d. 29. Jul.

Carl Alexander, geb. 1735 d. 13. Sept. ward Assessor am Land- und Bauerngericht, Lieutenant bei der Burger Cavallerie und Adjunct im Leyhhauß, starb 1768 d. 26. Febr. unvermählt.

Fortgesetztes Geschlechtsregister der Herren Peller von Schoppershof.
f. Biedermann Tab. CCCCXXXVIII.

Christoph Gottfried Peller von Schoppershof auf Kastenreuth, geb. 1723 d. 16. Febr. Ober-Zoll- und Wag-Amtmann.
Gem. Helena Catharina, Carl Wilh. Ebners von Eschenbach und Helena Maria Fürerin von Haimendorf Tochter, geb. 1733 d. 29. Mert. verm. 1753 d. 21. Mart. starb 1782 d. 5. Merz.

Jacobina Clara, geb. 1754 d. 8. Mart.

Anna Lucia Clara, geb. 1755 d. 30. Mart.

Clara Jacobina Carolina, geb. 1756 d. 10. Sept. starb 1776 d. 9. Jan.

Marianna Clara, geb. 1758 d. 6. Apr.
Gem. Georg Friedrich Tucher von Simmelsdorf, Assessor am Stadt- u. Ehegericht, geb. 1750 d. 31. Oct. verm. 1777 d. 12. Aug. starb 1785 d. 27. Oct.

Christoph Carl Gottfried, geb. 1759 d. 23. Jun. starb 1761 d. 16. Jun.

Clara Maria, geb. 1760 d. 16. Sept.
Gem. Gustav Gottlieb Fürer von Haimendorf, Ober Lieutenant unter dem v. Trestautschen Fränk. Kreiß Küraßier Regiment, geb. 1753 den 17. Apr. verm. 1781 d. 10 Jul.

Anna Helena Lucia, geb. 1761 den 13. Dec.

Carl Christoph Alexander, geb. 1763 d. 1. Apr. seit 1785 Fahnrich unter des Fränk. Kreiß. Fürst Hohenloh. Infant. Regiment.

Carl Gustav Christoph, geb. 1764 d. 17. Oct.
Gem. Maria Wilhelm. Magdalena, Christoph Gottl. Wilh. Furtenbachs von Reichelsdorf ꝛc. u. Marg. Clara v. Schedlin Tochter, geb 1764 d. 8. Mart. verm. 1787 d. 13. Aug.

Clara Sophia, geb. 1766 den 6. Jul.

Christoph Carl Gottfried, geb. 1768 d. 12. Mert. gieng 1783 in Rais. Kriegsdienste unter das General von Brinkensche Inf. Regiment als Cadet.

Johann Wilhelm Christoph, geb. 1770 d. 14. Febr.

Carl Gottfried, geb. u. gest. 1772 den 10. Apr.

Fortgesetztes Geschlechtsregister der Herren Dietherren von Anwanden.

s. Biedermann Tab. XXI.

Johann Wolfgang Dietherr von Anwanden, geb. 1727 d. 29. Jul. ward beim Fränk. Kreiß Dragoner Regiment Fähnrich 1750, beym Kürassier Regiment Major von Kress. Compagnie Cornet 1757, resignirte 1757, kam ins Land- und Bauerngericht 1765, starb d. 19. Nov. 1766.
Gem. Barbara von Ebermayer, geb. 1736 d. 14. Oct. verm. 1755. Nach seinem Tode vermählte sie sich 1771 d. 7. Jan. mit Gustav Leonhard von Schniedeberg, Kön. Preuß. Lieutenant zu Wöhrd, und starb allda d. 18. Apr. 1781.

Johann Friedrich, geb. d. 7. Jun. 1757, starb d. 26. Febr. 1760.	Heinrich Lorenz, geb. d. 4. Sept. 1758, starb d. 13. Febr. 1759.	Georg Nicolaus, geb. d. 23. Sept. 1759, starb d. 9. Merz 1769.	Sigm. Christoph Ferdinand, geb. den 16. Sept. 1760, starb d. 26. hernach.
Johann Friedrich Martin, geb. d. 28. Sept. 1761.	Catharina Barbara, geb. d. 21. Sept. 1762. ist seit 1787 an Hrn. von Knebel, Kön. Preuß. Capitän unter dem General von Möllendorfischen Regiment zu Berlin vermählt.	Johann Anton Tob. Carl, geb. d. 13 Jan. 1764, starb d. 8. Jan. 1765.	Christoph Gottefried, geb. d. 29. Mail 1765, starb d. 11. Dec. d. J.

Einzelne Bemerkungen. Zu Tab. XXI.

Cath. Magd. Dietherrin, Phil. Ernst im Hofs zu Kalchreuth Gemahlin, starb 1767 d. 1. Mail; Er verschied 1774 d. 20. Jun.
Felicitas Magdalena Dietherrin vermählte sich d. 7. Merz 1757 mit Joseph Anton Tobias Geissendörfer, genannt Grösser, Fähnrich vom Ferrentheil. Kreiß Infant. Regiment u. starb d. 15. Oct. 1763.
Maria Salome Dietherrin verheirathete sich 1764 d. 11. Dec. an Joh. Wolfg. Raab, Lieutenant bey dem Fränk. Kreiß Hobenloh Ingelfing. Infanterieregiment.
Johann Christoph Dietherr, Hauptmann beym Fränkischen Kreiß, starb 1748 d. 27. Dec. zu Kalchreuth.

Fortgesetztes Geschlechtsregister der Herren von Praun.

Siehe das zu Altdorf 1772 gedruckte Geschlechtsregister der Herren von Praun, von Wölckern, und der ausgestorb. Schlaudersbach. Tab. XII.

Sigmund Christoph Ferdinand Praun führet die noch allein blühende Sigmundinische Hauptlinie dauerhaft fort, (Tab. XI.) gebohr. 1731, d. 19. Oct. dermahlen vorderster Assessor und Schöpf am Stadt- und Ehegericht, wie auch Richter des Amts und Gerichts der Vesten und Markt Wöhrd, Senior der Familie und derselben Verrichtung Administrator. Er erhielt für sich und seine Familie d. 10. Sept. 1788 die Rathsfähigkeit.

Gemahlin. Helena Clara, Sigm. Christoph Harsdörfers von Enderndorf auf Fischbach, Septemvirs und Landpflegers, und Regina Clara Stromerin von Reichenbach, Tochter, geb. 1735 den 13. Nov. verm. 1757 den 6. Sept.

Sigmund Christoph I. Praun, geb. 1758 d. 22. Jun. Assessor und Schöpf am Land- und Bauerngericht.
Gem. Anna Maria Clara, Christ. Gottlieb von Furtenbach auf Reichenschwand ꝛc. und Marg. Clara von Scheidlin, Tochter, geb. 1763 d. 9. Apr. verm. 1784 d. 19. Oct.

Sigmund Christoph Ferdinand II. geb. d. 18. Jul. 1787.

Jobst Christoph Sigmund I. geb. 1766 d. 30. Oct.

Ehrenfried Christian Carl Sigmund I. geb. 1767 d. 17. Nov. gest. 1769 d. 6. Mail.

Maria Salome, geb. 1759 d. 29. Sept. starb 1762 d. 12. Febr.

Christoph Friedr. Sigmund I. geb. 1762 d. 24. Jun. gest. 1763 den 23. Mail.

Maria Felic. Eleonora, geb. 1764 d. 8. Jul. gest. d. 16. Jul. dieses Jahrs.

Paul Christoph Sigmund I. geb. 1769 d. 29. Jun. Seit 1784 Cadet bei dem Reichsstadt Nürnb. Contingent u. Hauptmann von Fürer. Compagnie.

Christoph Wilhelm Friedrich Sigmund I. geb. 1761 d. 10. Mail, st. d. 13. Aug. d. J.

Joh. Friedr. Sigmund I. geb. 1763 d. 25. Jul. Second Lieutenant bei dem General Lieutenant v. Schertetischen Kreiß Infanterie-Regiment.

Sigmund Friedrich Wilhelm I. geb. 1771 d. 13. Jul.

Fortgesetztes Geschlechtsregister der Herren von Wölckern.

Siehe die neben citirte Schrift Tab. X. pag. 32.

Lazarus Carl von Wölckern, vorderer Consiliarius zu Nürnberg und Senior des Geschlechts, starb 1761 d. 7. Sept.
    Gem. Sabina, Joh. Leonhart Fink und Susanna Langköpfin von Langenhofen Tochter, verm. 1723 d. 11. Apr. starb 1778 d. 11. Febr.

Dorothea Maria, geb. 1724 d. 1. Nov. starb d. 4. Nov. b. J.	Maria Sabina, geb. 1725 d. 3. Nov. starb d. 1728 d. 16. Apr.	Lazarus Carl von Wölckern auf Kaichreuth. Von ihm siehe die nächste Tabelle.	Carl Wilhelm von Wölckern auf Kaichreuth. Siehe die folgende Tabell.
Amalia Eleonora, geboh. 1730 den 4. Mail, lebt ledig zu Erlang.	Helena Sibylla, geb. 1731 d. 6. Mail. Gem. Ludw. Christ. Erlabeck, Consiliar. primar. zu Nürnberg, geb. 1736. verm. 1761 d. 13. Jan. gest. d. 18. Mail 1786.	Maria Barbara Margaretha, geb. 1732 d. 18. Jan. Gem. Joh. Heinrich Custer, Brand. Onolzb. Culmbach. Commerzienrath zu Erlang, geb. 1721, verm. 1772 d. 11. Mail.	
Dorothea Maria, geb. 1733 d. 11. Nov. gest. 1734 d. 11. Merz.	Maria Magd. Sabina, geb. 1735 d. 2. Jan. gest. d. 25. dernach.	Maria Felicitas, geb. 1736 d. 2. Dec. gest. d. 14. Dec. 1753 d. 17. Jul.	Sabina Regina, geb. 1741 d. 14. Dec. lebt ledig zu Erlang.

Fortgesetztes Geschlechtsregister der Herren von Wölckern auf Kalchreuth.

Siehe loc. cit. S. 33.

Lazarus Carl von Wölckern auf Kalchreuth, dermahlen Senior und Administrator des Fidei-Commisses, geb. 1727 d. 21. Febr. acquirirte mit seinem Bruder den olim Waldstromerischen, zuletzt aber im Hoffischen Reichslehenbaren Herrensitz zu Kalchreuth, ingl. den hochgräfl. Castell. Ritter Mannlehenbaren grossen und kleinen Zehenden zu Fegelhofen bey Lonerstatt; ward Reichsstadt Ulmischer Subdelegatus bey der Visitation des Kais. und Reichs-Kammergerichts in Wezlar zur zweyten Klasse, Kön. Schwed. Vorpommer. Subdelegatus zur vierten Klasse dieser Visitation 1776; Kön. Schwed. geheimer Legat. Rath e. a. trat nach der Rückkunft von Wezlar die Stelle eines Richters des Amts und Gerichts der Reichsveste und der Vorstadt Wöhrd bey Nürnberg an, ward aber hierauf 1779 von des glorwürd. regierenden Kaisers Joseph II. Maj. zu Dero wirkl. Reichshofrath auf der Ritter- und Gelehrtenbank ernennet und den 31. Maji e. a. introduciret, per diploma d. d. 5. Maii 1788 mit Consens sämtl. dreyer Ritterkreise in die Gesellschaft des unmittelbaren Reichsadels aufgenommen und bey dem löbl. Canton Steigerwald immatriculirt, wie auch nebst seinem Bruder zu Nürnberg für Rathsfähig erklärt d. 10. Sept. 1788. lebt zu Wien.

Gem. 1. Anna Susanna Catharina, Joh. Friedr. Eichart von Eichartshofen, und Maria Magd. Preuin, Tochter, geb. 1725 d. 10. Maii, vermählt 1749 d. 15. Apr. starb 1756 d. 19. Jun.

2. Anna Sibylla, Jac. Friedr. Reichsfreyherrn du Fay, Hessen Cassel'sch. geheim. Legat. Raths und Anna Elb. Fleischbein von Kleeberg Tochter, geb. 1747 d. 4. Dec. vermählt zu Frankfurt a. M. 1772 d. 26. Jul.

2.

Augusta Magdalena Johanna Sibylla Sabina, geb. zu Wezlar 1774 d. 22. Sept.

Fortgesetztes Geschlechtsregister der Herren von Wölckern auf Kalchreuth.

Siehe loc. cit. S. 33.

Carl Wilhelm von Wölckern auf Kalchreuth, geb. 1728 d. 12. Sept. Pfleger der Stadt und des Amts Altdorf, erhielte das Decret der Nürnbergischen Rathsfähigkeit für sich und seine Descendenz d. 10. Sept. 1788.
Gem. I. Soph. Maria, Christ. Wilh. Tucher von Simmelsdorf und Maria Felic. von im Hof Tochter, geb. 1723 d. 5. Nov. verm. 1754 d. 14. Mai, starb 1773 d. 29. Sept.
II. Mar. Elis. Wilhelmina, Jac. Wilh. Kurrenbach von Reichenschwand und Hel. Maria von Pömer Tochter, geb. 1737 d. 28. Merz, verm. 1774 d. 26. Jul.

1.

Martin Carl Wilhelm, geb. 1755 d. 14. Febr. Assessor am Land- u. Bauerngericht 1776, am Untergericht 1778, Amtmann über Weg und Steg, auch der Steinbrüche und des Landumgelds 1783.
Gem. Anna Lucia, Sr. Wilh. Löffelholz von Colberg, Septemvirs u. vord. Landpflegers und Sus. Catharina, geb. Löffelholzin v. Colberg Tochter, geb. 1753 d. 13. Jun. verm. 1785 d. 25. Apr.

1.
Laz. Carl Christoph, geb. 1756 d. 10. Merz, st. 1763 d. 17. Jul.

1.
Soph. Maria Sab. Carolina, geb. 1757 d. 29. Merz.
Gem. Wilhelm Carl Jacob Ebner v. Eschenbach, Assess. am Stadt- u. Ehegericht, geb. 1757 d. 25. Jun. verm. 1781 d. 6. Merz.

1.
Carl Wilh. Gottfried, geb. 1786 d. 5. Mai, gest. d. 22. d. J.

Mar. Magd. Carolina, geb. 1787 den 14. Apr.

Mar. Barb. Marg. Wilhelmina, geb. 1789 d. 15. Jul.

1.
Susanna Mar. Jac. Anna, geb. 1758 den 10. Jul.

Clara Soph. geb. 1759 d. 5. Apr. starb d. 21. Sept. d. J.

Maria Catharina,

Carl Sigm. Ferdinand, geb. 1760 d. 11. Nov. Bataillonsfahndr. unter d. Dessauf. Fränk. Kreisinf. Regiment 1779, Second Lieut. unter dem Hohenlob. Regiment 1783.

1.
Georg Christian Carl, geb. 1761 d. 18. Nov. ward der Republik Nürnberg Syndicus 1786, und disputirte blerauf solenniter zu Altdorf 1787 de constitutione civitatum Imp. Germ. interna.

1.
Ludwig Christoph Carl Leopold, geb. 1762 d. 13. Nov. ward den 23. Jul. 1784 ins Patriciat u. Bürgerrecht der Reichsstadt Ulm aufgenommen, und erhielt daselbst die Rathswürde nebst der Deputation zur Brod- Fleisch- und Leinwandschau 1788 d. 19. Sept.

1.
Johann Christoph Carl, geb. 1764 den 2. Jul. starb 1768 d. 30. Mai.

1.
Juliana Barbara Maria, geb. 1765 d. 2. Jul.

1.
Carl Wilhelm, geb. 1766 d. 8. Aug. trat als Cadet unter das Oelhaf. Inf. Regiment in des Fränk. Kreis. Kriegsdienste 1780, und versieht dermahlen als Wachtmeisterlient. die Bataillons-Adjutantenstelle.

2.
Helena Maria Sib. Dorothea, geb. 1777 d. 18. Jan.

Genealogische Nachricht von dem Geschlecht der Herren von Murr.

Die in Nürnberg noch blühende, Gerichtsfähige von Murrische Familie stammet aus Franken, vorzüglich aber aus Bamberg, ab. Heinrich Murr besaß im J. 1354 Güter zu Hagenhausen, so auch sein Sohn gleiches Namens, wie aus folgender, in der Registratur des hies. wohllöbl. Landpflegeamts befindl. Urkunde zu ersehen ist: "Ich Friedrich von Lauffenholz Schultheiß, und wir die Schöpfen der Stabt Nürnberg, verlehen offenlich mit disem Brieff, daß für uns kom in Gericht Albrecht von Lengenfeldt und bracht mit Unsers Gerichtsbuch, daß Ihn Fritz Nagel, Ulrich Müllner, Conradt Pöfling und Marckart Köni angesprochen hetten von Heinrich Murren Sons seel. wegen, auch genannt Heinrich Murr, von vollem Gewalt, als sie das brächten mit eim guten Brieff versigelt, mit deß Marcks Jnsigel zu Altorf, umb ein Hofreith gelegen zue Hagenhaussen und ein wiesen, und was darzu gehort, daß derselb Heinrich Murr der junger nechster Erb sey und deß Conradt Pöfling Angeberr sey rc. Geben an dem Montag nach Sant Walpurgen tag nach Christi geburt Dreyzehenhundert Jahr und in dem vier und newntzigisten Jahr." Heinrichs Jun. Sohn, Friedrich Murr, kam 1481 nach Nürnberg. Dessen jüngerer Sohn ward 1541 von K. Karl V. geadelt; und lautet das Adelsdiplom also: "Wir Carl von Gottes rc. rc. bekennen offenlich mit diesem brieve, und thuen kunth allermenigklich. Wiewol Wir auß angeborner Guete und Keyserl. mylttigkait alletzeit geneigt und begirig sein, aller und negklicher unserer und des Reichs underthanen und getrewen Eere, wierde, auffnemen, stand und wesen zu erheben. So sein Wir doch mehr geneigt zu denen, die sich gegen uns und dem heil. reich zu Gehorsam und Dienstbarkeit ercieten, diesselben mit noch merern unseren, keiserl. gnaden und Freyheiten zu fürsehen und zu bedenken. Wann wir nu guetlich angesehen und wargenomen haben die Erbarkeit, redlichait, gut eerlich alt herkomen, ebenliche sitten, tugend und vernunfft, darmit uns unser und des Reichs lieber getrewer Jheronimus Murr berüempt wirdet, auch die angenemen getrewen Dienst, darzu Er sich uns und dem Reiche zu thun gutwillig erpeut und wol thun mag und soll. Darumb so haben Wir mit wohlbedachtem muthe, gutem Rath und rechten wissen denselben Jheronimus Murren und sein Eelich leibeserben und derselben Erbenserben für und für ewigklich in den stand und Grad des Adels erhept, gewirdigt, edelgemacht, und Jne der schare unserer und des Reichs Recht Edelgebornen Lehens Und Thurniersgenossen, Edelleuthen vergleicht und zugesetzt, Und Jme darzu sein erblich Wappen und Cleynat (so mit namen seient eyn plawer oberLa-

lasur Farber Schildt, darin eyn weisse oder Silberfarbe, aufrechte wilde Katz für sich gekert, mit aufgeworffenen krumen schwantz, den lincken in das mitten, und den gerechten vordern Fuß in das ober forder eck des Schilds kerend, zum Sprung geschickt. Auf dem Schild eyn Helm mit plawer oder lasurfarber Heimbecken geziert. Darauf derselben farben eyn gewundener vertheylter pawsch, hynden mit eyner plawen und vornen mit einer gelben oder goldfarben fliegenden pynden, darauß entspringend zwey Puffelhörnner, Ire Mundlöcher von eynander kerend, in der Mitte oberzwerch gleich abgesetzt, das vnter vorder vnd ober hinder plaw oder lasurfarb, yedes mit dreyen gelben streichen, und das vnter hinder vnd ober vorder gelb oder goldfarb, der yedes mit plawen dreien strichen oder ringen) so hievor weilent Hans Murr sein Vater von vns erworben vnd gefueret, nachuolgender weise, nemlich den Stechhelm in aynen Thurnierhelm vnd zwischen den obgemelten Puffelhörnern eyn vorderschengl eyner weissen wilden Katzen, Ire pfoten an das vorder Puffelhorn haltend, sonst allermassen wie ein Schild gestalt, verendert, geziert vnd gebessert vnd Jne die also hinfüran zu fueren vnd zu gebrawchen gegönnet vnd erlawbt. Als dann dieselben Wappen vnd Cleynat mit der zierung vnd pesserung in mitte diß vnnsers Keyserl. gemahlet vnd mit farben derlich ausgestrichen sind. Erheben, wierdigen, edelmachen, gleichen vnd zufuegen Jne vnd sein eelich Leibserben vnd derselben Erbenserben beyderley Geschlecht in gemelten stand vnd zu der schare des Adels vnd andern vnnsern vnd des Reichs Leben vnd Thurniergenossen Edelleuten. Endern, zieren vnd bessern Jnen die yetz gemelten Wappen vnd Cleinat. Erlawben vnd gonnen inen die also zu fueren vnd zu geprawchen, alles von Romischer Keyserl. Machtvollkommenheit wissentlich in krafft dieses briefs. Vnd setzen vnd wollen, daß fürbaßhin der obgenannt Jheronimus Murr vnd sein ehelich Leibserben die Wappen vnd Cleynat haben, fueren vnd sich der in allen vnd yeglichen eerlichen vnd adelichen sachen vnd gescheften zu schimpff vnd zu ernst, in streiten, kampffen, Thurnieren, gestechen, gefechten, Veldzugen, pannieren, gezelten aufschlagen, Jnsigeln, Pedtschafften, Cleynaten, Begrebbnussen, vnd sonst an allen eyden nach Jren notdürften, willen vnd wolgevallen. Darzu alle vnd yegkliche gnad, Kreihait, Priuilegien, Eere, wierde, vortheil auf Gewonheit haben, mit Beneficien vnd Ehumbstiften, hohen vnd nidern, auch andern geystlichen vnd weltlichen Stenden vnd sachen mit Leben vnd Empfern halten, tragen, empfahen vnd aufnemen, Leben vnd all ander Gericht vnd Recht zu besitzen, Vrtheil zu schöpffen vnd Recht zu sprechen. Vnd der vnd aller ander Adelichen Ritterlichen sachen vnd gescheften theilhafftig, wierdig vnd empfengklich sein, vnd sich des als, als andere vnser vnd des Reichs recht Edel, Thurniers, Wappens vnd Lebengenoßleut haben, geprawchen, geniessen vnd frewen sollen vnd mogen von Recht oder gewonhait von allermenigklich vnverhyndert. Vnd geplen ten darauf allen vnd yegklichen vnsern vnd deß heiligen Reichs Churfürsten, Fürsten, geystlichen vnd weltlichen Prelaten, Grauen, Freien, Herren, Rittern, Knechten, Hauptleuten, Laudvögten, Vizumen, Vögten, Pflegern, Verwesern, Amptleuten, Schultheissen, Burgermeystern, Richtern, Rethen, Kundigern der Wappen, Erbholden, Perstuanten, Burgers, Gemeynden vnd sonst allen andern vnsern vnd des heiligen Reichs, auch

vnser

vnser erblichen Fürstenthumben vnd Landen vnderthanen vnd getrewen, in was Wierden, stands oder wesens die sein, ernstlich vnd bestigklich mit disem Brief, vnd wollen, das Sy den vorgenanten Jheronimusen Murren vnd sein eelich leibserben vnd derselben Erbenserben beyderley Geschlechts für vnd für ewigklich für Recht geborn, Edel, Wappens, Thurniers vnd Lebensgenosleut nennen, schreiben vnd an disen Vnsern Kayserlichen Gnaden, gaben, zierung, vnd Besserung irer Wappen oder Freiheiten nit irren noch hyndern, sondern Sy, wie obstect, als ander Vnser vnd des Reichs Rechtgeborn, Thurniers Lebens vnd Wappensgenoß Edelleut sich solichs gebrauchen vnd genieffen lassen, vnd hierwider nit thun; noch des yemants anderm zu thun gestatten in kein weise, als lieb ennen neben sei vnser vnd des Reichs schwere vngnad vnd straffe, vnd dazu eyn peen, nemlich 40 Marken lottigs golds zu vermeiden, die eyn yeder, so offt er freyenlich hierwider thette, vns halb in vnser vnd des Reichs Chammer vnd den andern halben teyl dem offtermelten Jheronimus Murren vnd seinen Elichen leibserben oder derselben Erbenserben vnableßlich zu bezalen versallen sein soll. Doch andern die vielleicht den obgeschrieben Wappen vnd Cleynaten gleich fuerten, an iren Rechten vnd gerechtigkeyten vnvergriffen vnd vnschedlich.

Vrkundt dieses briefs besigelt mit vnserm Kayserlichen anhangendem Jnsigel. Geben in vnser vnd des Reichs Stat Regenspurg am zweynhigisten tag des Monats Juny Nach Christi vnsern Herrn geburd funffhen hundert vnd im Eyn vnd vierhigisten. Vnsers Kayserthumbs im Eyn vnd zweinhigst. vnd vnserer Reiche im Sechs vnd zweinhigisten Jaren.

Carol.

                    Ad mandatum Caesareae
                    & Catholicae Maiest. proprium.
                        J. Obernburger.

Die Wapenschilde der Murrischen Familie hangen in der hiesigen S. Jakobskirche unter der Orgel. Würfel hat sie nebst dem Fenster in den Diptychis S. 5 irrig als Tetzlische angegeben, wie auch das Nürnb. Zion S. 45 (der ältern Ausgabe) wegen Aehnlichkeit des Wapens, da blos die Farbe des Schildes im Tetzlischen roth ist. Im Chor ist zur rechten Hand ein eigenes Fenster mit Murrischen Wapen in 4 Abtheilungen. I. Das Murrische Wapen, von Hans Murr 1512. II. VERNEVT. VND. GEPESSERT. DVRCH. HIERONYMVS MVR. Gegen über ist das Prünstererische. ALS. MAN. ZELDT. ANNO. DOMINI. M. D. LXX. Ueber diesem ist das Heroldische Wapen. III. Murrisch und Tucherisches Wapen, 1648. Gegen über Murrisch und Tetzlisches Wapen 1648. Hierauf sind St. Jacob und St. Matthias gemalt. IV. Murr- und Pfinzingisches Wapen, 1615. (Diese Wapen müssen bey Reparirung dieses Fensters so versetzt worden seyn.) Gegen über ist das Murrische und Furtenbachische 1686.

Unter diesem gedoppelten Fenster ist eine Tafel, worauf das jüngste Gericht von Wolfg. Traut gemahlet ist, welche Hans Murr 1512 gestifftet hat. Sie ist 1570 und 1697 renovirt worden.

Zur linken Hand am Ende des Chors ist an der Wand die Jungfrau Maria von Holz sehr schön gearbeitet, wie sie den Leichnam ihres Sohns vor sich liegen hat. Ist auch von Hanns Murr 1512 gestiftet, und ward 1782 renovirt.

Geschlechts-

Geschlechtsregister der Herren von Murr.

Heinrich Murr, lebte ums Jahr 1354.

Heinrich, geb. 1394.

Friedrich, geb. 1429. kam 1481 von Bamberg nach Nürnberg, starb 1496.
Gem. Margar. Spoerelin, verm. 1457.

Johann, geb. 1478, ward 1510 Hanns, geb. 1481. Ihm hat Kaiser Carl V. sein Wapen bestätigt in einem zu
Priester des teutschen Ordens zu Toledo 1534 d. 20. Febr. ertheilten Diplom. Er starb d. 3. Dec. 1536.
Langensteinbach, st. 1518 im Dec. Gem. Elisabeth Leysin, 1498.

Hieronymus Murr von u. zu Woltersdorf, geb. 1502. ward von K. Karl unter die Edlen des h. röm. Reichs
1541 d. 20. Jun. zu Regensburg aufgenommen, starb 1572, d. 6. Apr.
Gem. Kunigunda Prünstererin, verm. 1555. heirathete 1573 Ruprecht Erdingern, u. starb 1585 d. 20. Apr.

Johann Andreas, geb. 1558, starb 1599 d. 9. Mail.
Gem. Eleonora Heroldin von Ober-Schönfeldt, geb. 1556, verm. 1585, gest. 1613.

Johann Hieronymus, geb. 1586 d. 2. Oct. starb 1647 d. 5. Nov.
Gem. Helena, Paul Pfinzings von Henfenfeld, Senators zu Nürnberg, und Sabina Lindnerin, Tochter, geb.
1590 d. 18. Mait, verm. 1609 d. 18. Sept. starb 1660 d. 30. Apr.

Paul Andreas, geb. Joh. Hieronymus, Joh. Hieronymus, geb. Helena, geb. 1614 d. 22. Merz, starb 1691
1610 d. 13. Jul. starb geb. 1611 d. 4. Sept. 1613 d. 28. Nov. starb d. 13. Apr.
1630 d. 23. Mait zu starb 1612 den 9. 1613 d. 25. Jan. Gem. Joach. Christi. Neu, Würtemb.
Altdorf. Mait. Rath, verm. 1650 d. 4. Merz, starb 1675
d. 15. Mait.

Hieronymus, geb. 1615 d. 10. Jul. starb d. 15. Aug. 1658. Eleonora, Joh. Christoph, Joh. Christoph,
Gem. Magdalena, Hans Christoph Tuchers von Simmels- geb. 1616, geb. 1617 den 31. geb. 1620 gest. d.
dorf, Senators u. Waldherrn, u. Marg. Vogtin, Tochter, geb. st. 1617. Mait, st. 1619. 22 Apr. 1622.
1624 d. 18. Febr. verm. 1648. Seine Nachkommen f. neben.

Maria, geb. u. Johann Jacob, geb. 1624 d. 9. Jun. starb zu Oedenburg in Un- Eleonora, geb. Leonh. Wi-
gest. 1623 d. 7. garn 1665 d. 30. Merz. 1625 d. 30. Aug. libald, geb.
Apr. Gem. Anna Maria Teßlin v. Kirchensittenbach, geb. 1624. starb e. a. u. gest. 1627.
Seine Descendenz siehe auf der folg. Tabell.

Maria Catharina, geb. u. gest. Sigmund, geb. 1628 d. 16. Jan. Barbara, geb. 1631 d. 20. Aug. st.
1629. starb d. 31. Mait d. J. 1663 d. 25. Jul.

Ee

Hieronymus von Murr.
(Gem. Magd. Tucherin)

Magd. Barbara, geb. 1649, b. 29. Sept. starb 1691 ben 4. Sept.

Johann Christoph, geb. 1650 b. 19. Dec. starb als Pfleger zu Gostenhof 1729, d. 7. Oct.
Gem. Anna Cath. Furtenbach v. Reichenschwand, geb. 1657 b. 5. Jan. verm. 1686 b. 15. Nov. starb 1719 b. 22. Jun.

Joh. Hieronymus, geb. 1688 b. 14. Febr. st. 1689 b. 27. Mail. Georg Christoph, geb. 1693 b. 12. Apr. ward Pfleger in Gostenhof 1744, starb 1756 b. 8. Mail.
Gem. I. Clara Susanna Dilherrin von Thümmenberg, geb. 1699, verm. 1720 b. 9. Jul.
II. Maria Eleon. Linkin, verm. 1737, starb 1738.
III. Anna Maria Böheimin, geb. 1714, gest. 1782 den 3. Dec.

Hel. Catharina, geb. 1689 ben 28. Oct. starb 1713 b. 27. Aug.

Christoph Hieronymus, geb. 1691 b. 27. Sept. starb b. 30. hernach.
Felicitas Magdalena, geb. 1695 b. 22. Apr. starb 1751 b. 4. Sept.
Gem. Christoph Sigm. Hammersfelder von Sorlar, Zoll- u. Wag-Amtmann, verm. 1715 b. 19. Jul, gestorb. 1740 b. 8. Dec.
Clara Susanna, geb. 1700 b. 6. Merz, starb 1711 d. 27. Aug.

Georg Friedrich, geb. 1723 b. 24. Oct. st. 1785 d. 12. Febr. Mayer bei dem von Echertel. Fränk. Kreiß Inf. Regiment.
Gem. Doroth. Maria Prztn von Lichtenhof, geb. 1733 d. 26. Sept. verm. 1764 d. 13. Nov.

Christoph Sigmund, geb. 1725 d. 3. Merz.
Friedr. Wilhelm, geb. 1726 d. 1. Nov. Ober Lieutenant bei dem Kön. Preuß. Amstelischen Regiment, starb 1757 d. 16 Maii in der Schlacht bei Prag.

Christoph Gottlieb, geb. 1733 d. 5. Aug. seit dem 11. Jul. 1770 Zoll- und Waag-Amtmann in der untern Waag.
Johann Carl, geb. 1747 d. 22. Apr. seit 1785 Hauptmann unter dem Hohenloh-Ingelfingischen Fränk. Kreiß Inf. Regiment.

Helena Catharina, geb. 1765 d. 11. Sept.
Clara Sabina, geb. 1772 d. 18. Apr.

Johann Jacob von Murr.
Gem. Anna Maria Teßlin.

Joh. Jacob, geb. 1649 den 27. Sept. starb 1713 d. 3. Jun.	Johann Hieronymus, geb. 1651 d. 12 Apr. st. 1713 zu Marpurg. Gem. Elis. Sophia Sara von Rosenthur, Joh. Conr. Kellers, Gouverneurs von Kreutzenach, Witwe.	Maria Helena, geb. 1652, starb 1679.	Carl Heinrich, geb. 1655. d. 4. Oct. st. 1657.	Maria Jacobina, geb. 1657 d. 26. Febr. starb 1672 d. 10. Aug.

Carl Johann Christoph Hieronymus, geb. zu Preßburg 1684, Kön. Preuß. Kammer-Rath zu Magdeburg, starb 1755 d. 24. Dec.

Carl Alexander, geb. zu Magdeburg 1720, starb als Lieutenant unter dem Anhalt Bernburgischen Regiment in der Schlacht bei Prag 1757 d. 18. Maii.
  Gem. Anna Barbara, . . . Jopp, Zunftmeisters in der Reichsstadt Ulm, Tochter, geb. 1728 d. 7. Merz, starb zu Halle in Sachsen 1763 d. 12. Nov.

Johanna Carolina, geb. 1754 d. 16. Apr.	Carl Friedrich Elias, geb. 1756 d. 1. Merz, Lieutenant unter dem Zarembaischen Regiment zu Brieg in Schlesien.

Ende.